L'ART DE CÉLÉBRER LA MESSE

Gilles Gingras ptre
4-10-2011

Texte agréé par les Conférences épiscopales francophones
D'Afrique du Nord
De Belgique
Du Canada
De France
De Suisse
L'Archevêque du Luxembourg
et approuvé par la Congrégation pour le Culte divin et la Discipline des Sacrements les 2 mai 2006 et 11 juillet 2007 (Prot. 401/06/L).

ISBN : 978-2-7189-0992-9

L'ART DE CÉLÉBRER LA MESSE

Présentation Générale du Missel Romain

DESCLÉE - MAME

CONGRÉGATION POUR LE CULTE DIVIN
ET LA DISCIPLINE DES SACREMENTS

Prot. 401/06/L

à Son Éminence
Monsieur le Cardinal Jean-Pierre RICARD
Archevêque de Bordeaux
Président de la Conférence des Évêques de France

Cité du Vatican, le 2 mai 2006

Éminence,

Cette Congrégation pour le Culte Divin et la Discipline des Sacrements a reçu la traduction française de l'*Institutio generalis* du *Missale Romanum* (*editio typica tertia* – 2000), et, après l'avoir étudiée, et moyennant quelques retouches, l'adresse de nouveau ci-jointe à Votre Éminence.

Il est évident que ce texte, bien qu'approuvé, ne doit pas être considéré comme définitif, car il devra faire l'objet d'une révision ultérieure en vue d'une approbation dans le cadre de la *recognitio* qui sera accordée en son temps à l'ensemble du Missel traduit en langue française. Ainsi, il convient de noter que, dans le présent texte, les *incipit* en latin ont dû être conservés, puisque leur traduction française, dans le texte lui-même, n'a pas encore été approuvée ; de même, les adaptations, qui ne sont encore qu'à l'état de projet, n'ont pu être mentionnées.

Il reste que le présent texte approuvé, qui est certainement attendu par nombre de prêtres et de fidèles en vue d'une célébration digne de la sainte Messe selon les normes liturgiques en vigueur, peut être rendu public, nonobstant encore une fois l'approbation définitive qui interviendra lorsque l'ensemble du *Missale Romanum* sera présenté au Saint-Siège en vue de la *recognitio*.

En vous remerciant pour votre attention, je profite bien volontiers de cette circonstance pour vous assurer, Éminence, de mon estime et de ma haute considération dans le Seigneur.

+ Francis Card. ARINZE
Préfet

+ Albert Malcolm RANJITH
Secrétaire

SOMMAIRE

LISTE DES ABRÉVIATIONS

AAS : *Acta Apostolicae Sedis*, Librairie éditrice vaticane, Rome.
CA : Constitution apostolique *Missale romanum.*
CCSL : *Corpus christianorum series latina*, Brepols, Turnhout.
DC : *La Documentation catholique*, Bayard, Paris.
DS : Denzinger-Schönmetzer, Herder, Fribourg.
PL : *Patrologia latina*, J.-P. Migne, Paris.
SC : *Sources chrétiennes*, Le Cerf, Paris.

Préface

REDÉCOUVRIR L'ART DE CÉLÉBRER LA MESSE

« Lorsque la communauté chrétienne se rassemble dans la diversité de ses membres, évêque, prêtres, diacres, religieux, religieuses et laïcs, lorsqu'elle confesse et célèbre son Seigneur, lorsqu'elle ouvre à la beauté de Dieu, lorsqu'elle partage les Écritures, lorsqu'elle réfléchit sur le don de Dieu, lorsqu'elle développe en son sein des relations de fraternité, lorsqu'elle s'ouvre à la communion de l'Église universelle, lorsqu'elle sert la justice et qu'elle est solidaire des efforts de la cité en faveur des exclus, lorsque, par la sainteté de ses membres, elle témoigne de la charité du Christ, une communauté chrétienne fait pénétrer dans l'expérience chrétienne par d'innombrables facettes qui sont chacune l'expression de la présence de l'Esprit Saint en elle. »

Ce paragraphe très dense est emprunté au *Texte national pour l'orientation de la catéchèse en France*[1] dans un contexte où se trouve souligné le lien de la catéchèse avec l'initiation chrétienne. Il convient de rappeler que cette « initiation » désigne les sacrements du baptême, de la confirmation et de l'Eucharistie. Coextensive à toute l'existence et remise à toute la communauté chrétienne, l'initiation est entrée permanente et progressive dans la profondeur du mystère de Dieu, cette plénitude dont l'apôtre Paul sait parler aux éphésiens (*cf.* Ep. 1, 23 ; 3, 19), proposée à la

[1] Bayard Éditions/Centurion, Fleurus-Mame et les Éditions du Cerf, 2006, p. 40.

multitude : il s'agit d'une « mystagogie », c'est-à-dire d'une démarche qui consiste à se laisser conduire par les mystères sacramentels dans le mystère de la pleine vie divine. On peut être préparé, on doit être préparé à recevoir les sacrements, mais c'est l'expérience qu'ils donnent qui introduit à la vie dans l'Esprit ; on peut ensuite en parler en connaisseur à des connaisseurs.

« Le mystère du don de Dieu est si grand qu'une vie ne suffirait pas pour le comprendre, précise le *Texte national.* C'est pourquoi l'Église considère qu'une proposition catéchétique en réponse à une demande sacramentelle comprend aussi un temps de catéchèse après la célébration sacramentelle. Les chrétiens des premiers siècles l'ont appelé mystagogie : il s'agit de prendre appui sur ce qui a été vécu dans le sacrement pour rentrer davantage dans la perception de l'amour gratuit que Dieu y a manifesté[2]. »

L'initiation chrétienne ne se limite pas à cette « mystagogie » proprement sacramentelle, mais elle lui est intimement liée. Elle « demande de mettre en contact les personnes avec la liturgie de l'Église, telle que les rituels en régulent la célébration et en établissent le cadre. Parce que l'Église croit comme elle prie, la liturgie est le lieu où l'Église expérimente pour elle-même dans toute sa richesse la foi dans laquelle elle est établie. La liturgie est surtout un lieu vivant de l'initiation : dans le langage de la beauté, les attitudes, les déplacements, les gestes et paroles qu'elle fait vivre, elle aide à découvrir comment chaque acte et parole du Christ ont été posés pour notre salut[3] ».

On entre guidé dans la liturgie : les rites nous sont donnés ; il convient de les respecter, car nous n'en sommes pas maîtres. Comme on vient de le lire, « les rituels en régulent la célébration et en établissent le cadre. » Les communautés chrétiennes, comme les célébrants eux-mêmes, ont besoin d'être formées, introduites aux formes et aux fondements des actes liturgiques, sans jamais

[2] *Ibid.*, p. 54.

[3] *Ibid.*, p. 43.

sacrifier les unes aux autres ou réciproquement. C'est pourquoi on doit accorder la plus grande attention aux « Introductions » (*Praenotanda*) qui ouvrent les rituels : il faut les étudier à tous leurs niveaux (historique, scripturaire, théologique, cérémoniel, spirituel). Si cela est vrai pour tous les sacrements ou sacramentaux, ce l'est davantage encore pour le sacrifice eucharistique dont le livre propre est le Missel.

Voici donc la traduction française de la *Présentation générale du Missel romain (Institutio generalis Missalis romani)*, publiée en latin en 2000, puis en 2002 à la Librairie vaticane. Déjà circulaient des traductions, même imprimées, qui n'avaient pas de caractère officiel, et l'on comprend l'attente de ce texte fondamental proposé en français dans ce volume. Il faut savoir qu'il faut toujours un temps relativement long entre un original latin publié à Rome par la Congrégation pour le Culte divin et la Discipline des Sacrements et sa traduction en langue française, car une première traduction doit être faite, puis présentée aux évêques de notre Conférence épiscopale de France comme à ceux des Conférences épiscopales des pays francophones (Belgique, Canada, Afrique du Nord, Suisse, Afrique centrale francophone) ; ils présentent des amendements qu'il faut insérer. Un autre texte est préparé, à nouveau proposé aux évêques ; ce n'est que la troisième fois que le texte est approuvé par eux. Il reste à le soumettre à la *recognitio* de la Congrégation romaine : vérification ultime par le Dicastère chargé de la liturgie, pour que soit assurée l'unité du rite romain partout dans le monde, conformément à l'Instruction *Liturgiam authenticam* du 7 mai 2001 (5e Instruction pour la correcte application de la Constitution sur la sainte liturgie du concile Vatican II).

Ajoutons que la Commission chargée des traductions liturgiques pour la francophonie a légèrement changé de nom et a reçu de nouveaux statuts qui ont, eux aussi, fait le va-et-vient entre les évêques et Rome. Cette Commission épiscopale francophone pour les traductions liturgiques n'a pu travailler avec ces divers documents institutionnels qu'à partir de septembre 2006.

Il ne faut donc pas s'étonner du délai imposé entre la parution de l'*Institutio* en latin et celle de la *Présentation générale* ; il en sera de même pour la traduction de l'ensemble du *Missel romain* à laquelle nous travaillons.

Une autre précision : cette traduction de la *Présentation générale* n'est pas définitive car elle ne comporte pas les adaptations votées par les Conférences épiscopales et qui doivent être « reconnues » par la Congrégation ; elles seront insérées dans la traduction d'ensemble du *Missel*. Notons aussi que la traduction en langue allemande de l'*Institutio* vient d'être publiée au cours de l'automne dernier.

Cette *Présentation générale du Missel romain* est liée à l'*editio typica tertia* (troisième édition authentique) de ce Missel, parue en 2002 à la Librairie vaticane. La toute première datait de 1970. La deuxième, comportant quelques additions, est sortie en 1975. La troisième *Présentation générale* est d'abord parue en 2000, puis en 2002 avec l'ensemble du Missel en latin. Elle ne diffère pas substantiellement de la première ni de la deuxième ; le Décret du 20 avril 2000 énumère les principales modifications, liées à la parution d'autres livres liturgiques ou à ce que peut enseigner la pratique pastorale en positif ou en négatif. Tout le chapitre IX sur les adaptations à proposer par les Conférences épiscopales a été revu et précisé. Plusieurs formulaires de messes ont été introduits. L'*Appendice* propose des Prières eucharistiques (les textes ont été revus) pour la réconciliation et pour des circonstances particulières.

Pour présenter l'Instruction *Redemptionis sacramentum* de la Congrégation pour le Culte divin et la Discipline des Sacrements du 25 mars 2004 « sur certaines choses à observer et à éviter concernant la très sainte Eucharistie », j'écrivais ceci : « Cette Instruction souligne en creux ce que la *Présentation générale du Missel romain* de la troisième édition typique – dont la traduction est actuellement soumise aux évêques de France – explique positivement. Il faudra lire cette *Présentation*, la faire lire, la comprendre et l'expliquer, pour la mettre en pratique et n'oublier ni la simplicité ni la noblesse que le Concile a voulues dans la célébration digne des saints mystères de notre foi. On retiendra de l'Instruction sa dernière parole : "Il faut que chacun se souvienne toujours qu'il est le serviteur de la sainte liturgie" (n. 186). La liturgie nous est donnée ; il faut la recevoir avec attention, intelligence et reconnaissance, pour que nous y entrions à la place qui est la nôtre et y fassions entrer largement tous ceux qui ont soif d'aller au cœur de la foi[4]. »

Dans son Exhortation apostolique *Sacramentum caritatis* du 22 février 2007 sur le Sacrement de l'amour, le pape Benoît XVI a largement repris les propositions que nous lui avions laissées au terme du Synode d'octobre 2005 sur l'Eucharistie. Il est revenu sur un thème cher au pape Jean-Paul II, qui avait été à l'ordre du jour de la *plenaria* de la Congrégation pour le Culte divin et la Discipline des Sacrements en mars 2005, à laquelle participait le cardinal Joseph Ratzinger : celui de l'*ars celebrandi*. Devenu Benoît XVI, voici ce qu'il écrit : « En soulignant l'importance de l'art de célébrer, on met en lumière la valeur des normes liturgiques. L'*ars celebrandi* doit favoriser le sens du sacré et l'utilisation des formes extérieures qui éduquent à un tel sens, comme par exemple l'harmonie du rite, des vêtements liturgiques, de l'ameublement et du lieu sacré. Là où les prêtres et les responsables de la pastorale liturgique s'emploient à faire connaître les livres liturgiques et les normes liturgiques en vigueur, mettant en évidence les grandes richesses de la *Présentation générale du Missel romain* et de la *Présentation des Lectures de la Messe*, la célébration eucharistique en tire profit. Dans les communautés ecclésiales, on croit peut-être déjà les connaître et pouvoir porter un jugement éclairé sur elles, mais, souvent, il n'en est pas ainsi. En réalité, ces textes contiennent des richesses qui conservent et qui expriment la foi et le chemin du peuple de Dieu au long des deux millénaires de son histoire.

[4] *Le Sacrement de la Rédemption*, Bayard Éditions/Centurion, Fleurus-Mame et les Éditions du Cerf, 2004, p. 10.

Pour un *ars celebrandi* correct, il est tout aussi important d'être attentif à toutes les formes de langage prévues par la liturgie : parole et chant, gestes et silences, mouvements du corps, couleurs liturgiques des vêtements. En effet, la liturgie possède de par sa nature une variété de registres de communication qui lui permettent de parvenir à intégrer tout l'être humain. La simplicité des gestes et la sobriété des signes, effectués dans l'ordre et dans les moments prévus, communiquent et impliquent plus que le caractère artificiel d'ajouts inopportuns. L'attention et l'obéissance à la structure propre du rite, tout en exprimant la reconnaissance du caractère de don de l'Eucharistie, manifestent la volonté du ministre d'accueillir, avec une docile gratitude, ce don ineffable [5]. »

On ne peut mieux dire : il en va de notre docilité pour comprendre et de notre obéissance pour mettre en pratique. Les rites sacramentels, singulièrement ceux du sacrifice eucharistique, nous sont remis – aux ministres ordonnés et aux équipes de liturgie, chacun selon sa responsabilité propre –, non pour en disposer à notre guise, mais pour les respecter et respecter les fidèles qui en attendent la vivante et sereine nourriture de leurs âmes. Il convient de les étudier, de les connaître, d'être initié à leur sobre et belle célébration.

Pour aller dans ce sens, il faut recommander le *Cérémonial des évêques*, édité à Rome en 1984 et publié en français en 1998 (toujours ces délais), qui donne non seulement des rubriques précises, mais inculque un esprit dans la manière de célébrer. Deux volumes des Guides *Célébrer*, édités en 2003 par le *Centre National de Pastorale Liturgique* (maintenant *Service National de la Pastorale Liturgique et Sacramentelle*), insuffisamment connus et diffusés, apportent une heureuse et solide contribution à l'apprentissage de cet art de célébrer, qui est la clé d'une juste application de la rénovation liturgique de Vatican II pour le

[5] *Le Sacrement de l'amour*, Bayard Éditions/Centurion, Fleurus-Mame et les Éditions du Cerf, 2007, n. 40, p. 55.

nouvel ordinaire de la messe qu'il a souhaité et que confirme le pape Benoît XVI dans son Motu proprio *Summorum Pontificum* du 7 juillet 2007, « forme normale » précise-t-il dans la lettre qu'il nous écrit, dans le respect de la forme extraordinaire dont il permet largement l'usage. Il souhaite que « ces deux expressions de la *lex orandi* de l'Église n'induisent aucune division de la *lex credendi* de l'Église : ce sont en effet, dit-il, deux mises en œuvre de l'unique rite romain [6] ». Il ajoute que « les deux formes d'usage du rite romain peuvent s'enrichir mutuellement [7] ».

Une célébration de la messe fidèle à la *Présentation générale du Missel romain* ici publiée en français est de nature à favoriser grandement la réconciliation et l'unité de l'Église catholique au cœur de ses mystères sacrés, ce qui est le vœu le plus cher du Saint-Père et des évêques.

+ fr. Robert Le Gall
Archevêque de Toulouse

Président de la Commission épiscopale
francophone pour les traductions liturgiques

[6] *Summorum Pontificum*, art. 1.

[7] Lettre aux évêques du 7 juillet 2007.

CONSTITUTION APOSTOLIQUE *MISSALE ROMANUM*

promulguant le *Missel romain* restauré par décret du IIe concile œcuménique du Vatican

Paul évêque,
serviteur des serviteurs de Dieu,
en perpétuelle mémoire de cet acte.

1*. Le Missel romain, promulgué en 1570 par Notre prédécesseur saint Pie V en application d'un décret du concile de Trente [1], a été reçu par tous comme l'un des fruits nombreux et admirables que ce saint concile a répandus dans toute l'Église du Christ. Durant quatre siècles, non seulement il a fourni aux prêtres du rite latin la norme de la célébration de l'Eucharistie, mais encore les missionnaires l'ont répandu dans presque tout l'univers. De nombreux saints ont nourri leur vie spirituelle de ses lectures bibliques et de ses prières, dont l'ordonnance remontait pour l'essentiel à saint Grégoire le Grand.

2. Mais, depuis lors, a grandi et s'est répandu dans le peuple chrétien le renouveau liturgique qui, selon Notre prédécesseur Pie XII, « est apparu comme un signe des dispositions providentielles de Dieu sur le temps présent, comme un passage du Saint-Esprit dans son Église [2] ». Or ce renouveau a montré clairement que les formules du *Missel romain* devaient être révisées et

* Cette numérotation n'appartient pas au texte original *(N.d.T.)*.

[1] *Cf.* Constitution apostolique *Quo primum*, du 14 juillet 1570.

[2] *Cf.* Pie XII, allocution aux participants du 1er Congrès international de pastorale liturgique d'Assise, 22 septembre 1956 : DC (1956), p. 1286.

enrichies. La rénovation a été entreprise par ce même Pie XII avec la restauration de la Veillée pascale et de l'*Ordo* de la Semaine sainte [3], qui constitua la première étape de l'adaptation du *Missel romain* aux besoins de notre époque.

3. Le IIe concile œcuménique du Vatican a établi dans la Constitution *Sacrosanctum concilium* les bases de la révision générale du *Missel romain* : en déclarant que « les textes et les rites doivent être organisés de telle façon qu'ils expriment avec plus de clarté les réalités saintes qu'ils signifient » [4] ; en ordonnant « que le rituel de la messe soit révisé de telle sorte que se manifestent plus clairement le rôle propre ainsi que la connexion mutuelle de chacune de ses parties, et que soit facilitée la participation pieuse et active des fidèles [5] » ; en prescrivant « qu'on ouvre plus largement les trésors bibliques, pour présenter aux fidèles avec plus de richesse la table de la parole de Dieu [6] » ; en prescrivant enfin « que soit composé un rite nouveau de la concélébration, qui devra être inséré dans le *Pontifical* et dans le *Missel romain* [7] ».

4. Il ne faudrait pas croire que cette rénovation du *Missel romain* a pu être improvisée : les progrès que la science liturgique a effectués depuis quatre siècles lui ont, sans aucun doute, ouvert la voie. Si, au lendemain du concile de Trente, la consultation « des vieux manuscrits de la Bibliothèque vaticane et d'autres rassemblés de partout » a beaucoup servi à la révision du *Missel romain*, comme l'atteste la Constitution *Quo primum* de saint Pie V, depuis lors les sources liturgiques les plus anciennes ont été découvertes et publiées, tandis que les liturgies orientales

[3] *Cf.* S. Congrégation des Rites, Décret *Dominicae Resurrectionis*, 9 février 1951 : DC (1951), p. 331 sq. ; Décret *Maxima Redemptionis nostrae mysteria*, 16 novembre 1955 : DC (1955), p. 1537 sq.

[4] *Cf.* IIe concile œcuménique du Vatican, Constitution sur la sainte liturgie, *Sacrosanctum concilium*, 4 décembre 1963 (notée par la suite *Const. lit.*), art. 21.

[5] *Cf. ibid.*, art. 50.

[6] *Cf. ibid.*, art. 51.

[7] *Cf. ibid.*, art. 58.

étaient mieux connues ; et nombreux sont ceux qui ont souhaité que de telles richesses doctrinales et spirituelles ne demeurent pas dans l'ombre des bibliothèques, mais qu'elles soient mises en lumière pour éclairer et nourrir les chrétiens.

5. Présentons maintenant, dans ses grandes lignes, la nouvelle composition du *Missel romain*. Tout d'abord, dans une *Présentation générale*, qui sert de préface au livre, on expose les règles nouvelles de la célébration de la messe, tant en ce qui concerne les rites et les fonctions de chacun des participants qu'en ce qui traite des objets nécessaires et de la disposition des lieux du culte.

6. L'innovation majeure porte sur la Prière eucharistique. Si le rite romain a toujours admis que la première partie de cette prière, la Préface, fût mobile, depuis les IV-Ve siècles, la seconde partie, appelée « la règle de l'action sacrée », le *Canon Actionis*, est demeurée invariable, tandis que les liturgies orientales admettaient au contraire la diversité dans leurs anaphores. Sur ce point, outre que la Prière eucharistique s'est enrichie d'un grand nombre de Préfaces, puisées à l'antique tradition romaine ou nouvellement composées, ce qui mettra mieux en lumière les divers aspects du mystère du salut et procurera de plus amples motifs d'action de grâce, Nous avons décidé d'ajouter au Canon trois nouvelles prières eucharistiques.

7. Toutefois, pour des raisons d'ordre pastoral et afin de rendre plus facile la concélébration, Nous avons ordonné que les paroles du Seigneur soient identiques dans chaque formulaire. Ainsi, en chaque prière, on dira les paroles suivantes : Sur le pain : PRENEZ ET MANGEZ-EN TOUS : CECI EST MON CORPS LIVRÉ POUR VOUS. Sur le calice : PRENEZ ET BUVEZ-EN TOUS, CAR CECI EST LA COUPE DE MON SANG, LE SANG DE L'ALLIANCE NOUVELLE ET ÉTERNELLE, QUI SERA VERSÉ POUR VOUS ET POUR LA MULTITUDE EN RÉMISSION DES PÉCHÉS. VOUS FEREZ CELA, EN MÉMOIRE DE MOI. L'expression *Le mystère de la foi*, tirée du contexte des paroles du Christ et dite par le prêtre, sert d'introduction à l'acclamation du peuple.

8. En ce qui concerne l'*Ordo* de la messe, « tout en gardant fidèlement la substance des rites, on les a simplifiés [8] ». On a fait disparaître « ceux qui, au cours des âges, ont été redoublés ou ajoutés sans grande utilité [9] », surtout dans les rites de l'offertoire, de la fraction du pain et de la Communion.

9. On a aussi « rétabli, selon l'ancienne norme des saints Pères, certaines choses qui avaient disparu sous les atteintes du temps [10] », par exemple l'homélie [11], la Prière universelle [12]. On a enfin mis en valeur, au début de la messe, le rite pénitentiel de réconciliation avec Dieu et avec les frères.

10. Selon la prescription du IIe concile du Vatican, qui ordonnait de lire au peuple « dans un nombre déterminé d'années la partie la plus importante des saintes Écritures [13] », l'ensemble des lectures du dimanche a été réparti sur un cycle de trois ans. De plus, les dimanches et fêtes, la lecture de l'épître et de l'Évangile est précédée d'une lecture de l'Ancien Testament ou, au Temps pascal, des Actes des Apôtres. De cette façon, le dynamisme du mystère du salut est mis plus clairement en lumière, à partir du texte même de la révélation divine. Ce très ample recueil de lectures bibliques, qui propose aux fidèles, les jours de fête, la partie la plus importante des saintes Écritures, est complété par l'accès aux autres parties des livres saints, qui sont lus les jours non festifs.

11. Tout cela a été ordonné de telle manière que s'intensifie chez les fidèles « la faim de la parole de Dieu [14] », par laquelle, sous la conduite de l'Esprit Saint, le peuple de la nouvelle

[8] *Cf. ibid.*, art. 50.
[9] *Cf. ibid.*
[10] *Cf. ibid.*
[11] *Cf. ibid.*, art. 52.
[12] *Cf. ibid.*, art. 53.
[13] *Cf. ibid.*, art. 51.
[14] *Cf.* Amos 8, 11.

Alliance semble être poussé vers l'unité parfaite de l'Église. Nous avons vivement confiance que, de la sorte, prêtres et fidèles se prépareront plus saintement au repas du Seigneur, et aussi que, méditant plus profondément les saintes Écritures, ils se nourriront chaque jour davantage des paroles du Seigneur. Il s'ensuivra que, selon la recommandation du IIe concile du Vatican, les saintes Lettres seront pour tous et une source perpétuelle de vie spirituelle, et l'instrument principal de la catéchèse chrétienne, et enfin la moelle de tout enseignement de la théologie.

12. Dans cette révision du *Missel romain* on n'a pas seulement changé les trois parties, dont Nous venons de parler, à savoir la Prière eucharistique, l'*Ordo* de la messe et celui des lectures, mais d'autres ont aussi été revues et considérablement modifiées : le temporal, le sanctoral, le commun des saints, les messes rituelles et les messes votives. On a apporté un soin particulier aux oraisons. Leur nombre a été augmenté, soit à partir des sources liturgiques anciennes, soit pour répondre à des besoins nouveaux. C'est ainsi qu'une oraison propre a été attribuée à chacun des jours des temps liturgiques principaux, à savoir ceux de l'Avent, de la Nativité, du Carême et de Pâques.

13. Pour le reste, bien que le texte du *Graduel romain*, au moins en ce qui concerne le chant, n'ait pas subi de changement, on a restauré en vue de la participation du peuple l'usage du psaume responsorial, dont saint Augustin et saint Léon le Grand font souvent mention, et on a adapté les antiennes d'entrée et de Communion à la fonction qui leur revient quand elles ne peuvent pas être chantées.

14. Pour terminer, Nous voulons donner force de loi à tout ce que Nous avons exposé plus haut sur le nouveau Missel. En promulguant l'édition officielle du *Missel romain*, Notre prédécesseur saint Pie V présentait celui-ci au peuple chrétien comme un instrument de l'unité liturgique et un témoin du culte authentique dans l'Église. Tout en laissant place dans le nouveau Missel « à des différences légitimes et à des adaptations », selon la prescription du IIe concile du Vatican[15], Nous espérons cependant que ce Missel sera reçu, lui aussi, par les chrétiens comme un signe et un instrument d'unité : dans la diversité des langues une même prière montera ainsi vers le Père par notre Grand Prêtre Jésus Christ dans l'Esprit Saint.

15. Nous ordonnons que les prescriptions de cette Constitution entrent en vigueur le 30 novembre prochain, premier dimanche de l'Avent.

Nous voulons que ce que Nous avons établi et prescrit soit tenu pour ferme et efficace, maintenant et à l'avenir, nonobstant, si c'est nécessaire, les Constitutions et Ordonnances apostoliques données par Nos prédécesseurs et toutes les autres prescriptions même dignes de mention spéciale et pouvant déroger à la loi.

Donnée à Rome, près de Saint-Pierre, au jour de la Cène du Seigneur, le 3 avril 1969, sixième année de Notre pontificat.

Paul VI Pape

[15] *Const. lit.*, art. 38-40.

PRÉSENTATION GÉNÉRALE DU MISSEL ROMAIN

Préambule

1. Alors qu'il allait célébrer avec ses disciples le repas pascal où il institua le sacrifice de son Corps et de son Sang, le Christ Seigneur ordonna de préparer une grande salle aménagée (Lc 22, 12). L'Église a toujours estimé que cet ordre la concernait, en ce qu'il réglait la disposition des esprits, des lieux, des rites et des textes relatifs à la célébration de la sainte Eucharistie. De même, les règles d'aujourd'hui qui ont été prescrites en s'appuyant sur la volonté du IIe concile œcuménique du Vatican et le nouveau Missel que l'Église de rite romain utilisera désormais pour célébrer la messe prouvent cette attention de l'Église, sa foi et son amour inchangés envers ce plus grand des mystères qu'est l'Eucharistie et témoignent de sa tradition continue et ininterrompue, quelles que soient les nouveautés qui y ont été introduites.

Témoignage d'une foi inchangée

2. La nature sacrificielle de la messe, solennellement affirmée par le concile de Trente[1] en accord avec toute la tradition de l'Église, a été professée de nouveau par le IIe concile du Vatican, qui a énoncé, au sujet de la messe, ces paroles significatives : « Notre Sauveur, à la dernière Cène, [...] institua le sacrifice eucharistique de son Corps et de son Sang pour perpétuer le

[1] Session XXII, du 17 septembre 1562. *Cf. Enchiridion Symbolorum*, éd. Denzinger-Schönmetzer 1965 (noté par la suite DS), p. 1738-1759.

sacrifice de la Croix au long des siècles, jusqu'à ce qu'il vienne, et en outre pour confier à l'Église, son épouse bien-aimée, le mémorial de sa mort et de sa résurrection [2]. » Ce qui est ainsi enseigné par le Concile est également exprimé de façon concordante par les formules de la messe. En effet, la doctrine signifiée avec précision par cette phrase d'un sacramentaire ancien, appelé léonien : « Chaque fois que nous célébrons ce sacrifice en mémorial, c'est l'œuvre de notre rédemption qui s'accomplit » [3], cette doctrine est développée de façon claire et précise dans les Prières eucharistiques ; dans ces prières, en effet, lorsque le prêtre proclame l'anamnèse, en s'adressant à Dieu au nom de tout le peuple, il lui rend grâce et lui offre le sacrifice vivant et saint, c'est-à-dire l'oblation de l'Église et la victime par l'immolation de laquelle Dieu nous a rétablis dans son Alliance [4] et il prie pour que le Corps et le Sang du Christ soient un sacrifice digne d'être agréé par le Père et qui sauve le monde [5].

C'est ainsi que dans le nouveau Missel, la « règle de la prière » *(lex orandi)* de l'Église correspond à sa constante « règle de la foi » *(lex credendi)*. Celle-ci nous avertit que, sauf la manière d'offrir qui est différente, il y a identité entre le sacrifice de la Croix et son renouvellement sacramentel à la messe que le Christ Seigneur a institué lors de la dernière Cène et qu'il a ordonné à ses Apôtres de faire en mémoire de lui. Par conséquent, la messe est tout ensemble sacrifice de louange, d'action de grâce, de propitiation et de satisfaction.

3. De même, le mystère admirable de la présence réelle du Seigneur sous les espèces eucharistiques est affirmé de nouveau

[2] Constitution sur la sainte liturgie, *Sacrosanctum concilium*, 4 décembre 1963, art. 47 ; *cf.* Constitution dogmatique sur l'Église, *Lumen gentium*, 21 novembre 1964, art. 3, 28 ; Décret sur le ministère et la vie des prêtres, *Presbyterorum ordinis*, 7 décembre 1965, art. 2, 4, 5.

[3] Jeudi saint, messe du soir en mémoire de la Cène du Seigneur, prière sur les offrandes. *Cf. Sacramentarium Veronense*, éd. L.C. Möhlberg, n. 93.

[4] *Cf.* Prière eucharistique III.

[5] *Cf.* Prière eucharistique IV.

par le IIe concile du Vatican [6] et les autres documents du magistère de l'Église [7] avec le même sens et la même doctrine selon lesquels le concile de Trente l'avait proposé à notre foi [8]. Le mystère, dans la célébration de la messe, est mis en lumière non seulement par les paroles mêmes de la consécration, qui rendent le Christ présent par transsubstantiation, mais encore par le sentiment et l'expression extérieure de souverain respect et d'adoration que l'on trouve au cours de la liturgie eucharistique. Pour le même motif, le peuple chrétien est amené à honorer d'une manière particulière, par l'adoration, cet admirable Sacrement, le jeudi de la Cène du Seigneur et en la solennité du Corps et du Sang du Christ.

4. Quant à la nature du sacerdoce ministériel, propre à l'évêque et au prêtre qui, agissant en la personne du Christ (*in persona Christi*), offrent le sacrifice et président l'assemblée du peuple saint, elle est mise en relief, dans la forme du rite lui-même, par l'éminence de la place et de la fonction de ce sacerdoce. Les principes de cette fonction sont d'ailleurs énoncés et clairement expliqués dans la préface de la messe chrismale du Jeudi saint, car c'est précisément ce jour-là que l'on commémore l'institution du sacerdoce. Ce texte souligne le pouvoir sacerdotal conféré par l'imposition des mains ; et l'on y décrit ce pouvoir lui-même en énumérant toutes ses fonctions : il continue le pouvoir du Christ, Souverain Pontife de la nouvelle Alliance.

5. De plus, la nature même du sacerdoce ministériel met dans sa juste lumière une autre réalité de grande importance : le sacerdoce royal des fidèles, dont le sacrifice spirituel atteint sa consommation par le ministère de l'évêque et des prêtres, en

[6] *Const. lit.*, art. 7, 47 ; Décret sur le ministère et la vie des prêtres, art. 5, 18.

[7] *Cf.* Pie XII, Encyclique *Humani generis*, du 12 août 1950 : DC (1950), p. 1161-1162 ; Paul VI, Encyclique *Mysterium fidei*, du 3 septembre 1965 : DC (1965), p. 1641-1647 ; Profession de foi, du 30 juin 1968 : DC (1968), n. 1521, p. 1256-1257 ; Instruction de la S. Congrégation des Rites *Eucharisticum Mysterium*, 25 mai 1967, n. 3f, 9 : DC (1967), n. 1496, p. 1094, 1098.

[8] *Cf. Conc. Oecum. Trid.* Session XIII, 11 octobre 1551 : DS, p. 1635-1661.

union avec le sacrifice du Christ, unique médiateur [9]. Car la célébration de l'Eucharistie est l'acte de l'Église tout entière, dans lequel chacun fait seulement, mais totalement, ce qui lui revient, compte tenu du rang qu'il occupe dans le peuple de Dieu. Par là, on prête une plus grande attention à des aspects de la célébration qui, au cours des siècles, avaient été parfois négligés. Ce Peuple est, en effet, le peuple de Dieu, acquis par le Sang du Christ, rassemblé par le Seigneur, nourri par sa parole ; Peuple dont la vocation est de faire monter vers Dieu les prières de toute la famille humaine ; Peuple qui, dans le Christ, rend grâce pour le mystère du salut en offrant son sacrifice ; Peuple enfin qui, par la communion au Corps et au Sang du Christ, renforce son unité. Ce Peuple est saint par son origine ; cependant, par sa participation consciente, active et fructueuse au mystère eucharistique, il progresse continuellement en sainteté [10].

Manifestation d'une tradition ininterrompue

6. En énonçant les règles selon lesquelles le rite de la messe serait révisé, le IIe concile du Vatican a ordonné, entre autres, que certains rites « seraient rétablis selon l'ancienne norme des Pères » [11], reprenant en cela les mots mêmes employés par saint Pie V, dans la Constitution apostolique *Quo primum* par laquelle, en 1570, il promulguait le Missel du concile de Trente. Par cette coïncidence verbale elle-même, on peut remarquer de quelle façon les deux Missels romains, bien que séparés par quatre siècles, gardent une tradition semblable et égale. Si l'on apprécie les éléments profonds de cette tradition, on comprend aussi combien le second Missel complète le premier d'une manière très heureuse.

[9] *Cf.* Décret sur le ministère et la vie des prêtres, art. 2.

[10] *Cf. Const. lit.*, art. 11.

[11] *Ibid.*, art. 50.

7. En des temps vraiment difficiles où, sur la nature sacrificielle de la messe, le sacerdoce ministériel, la présence réelle et permanente du Christ sous les espèces eucharistiques, la foi catholique avait été mise en danger, il fallait avant tout, pour saint Pie V, préserver une tradition relativement récente, injustement attaquée, en introduisant le moins possible de changements dans le rite sacré. Et, à la vérité, le Missel de 1570 diffère très peu du premier Missel qui a été imprimé en 1474, lequel déjà répète fidèlement le Missel de l'époque d'Innocent III. En outre, les manuscrits de la Bibliothèque vaticane, s'ils ont servi en certains cas à améliorer les textes, n'ont pas permis d'étendre les recherches relatives aux « auteurs anciens et approuvés » au-delà des commentaires liturgiques du Moyen Âge.

8. Aujourd'hui, au contraire, cette « norme des Pères » que visaient les correcteurs responsables du Missel de saint Pie V s'est enrichie des innombrables études des savants. En effet, après la première édition du sacramentaire grégorien, en 1571, les anciens sacramentaires romains et ambrosiens ont été l'objet de nombreuses éditions critiques, de même que les anciens livres liturgiques hispaniques et gallicans. On a ainsi mis au jour quantité de prières, d'une grande qualité spirituelle, ignorées jusque-là.

De la même manière, les traditions des premiers siècles, antérieures à la formation des rites d'Orient et d'Occident, sont d'autant mieux connues maintenant qu'on a découvert un nombre considérable de documents liturgiques.

En outre, le progrès des études patristiques a permis d'éclairer la théologie du mystère eucharistique par l'enseignement des Pères les plus éminents de l'antiquité chrétienne, comme saint Irénée, saint Ambroise, saint Cyrille de Jérusalem, saint Jean Chrysostome.

9. C'est pourquoi la « norme des Pères » ne demande pas seulement que l'on conserve la tradition léguée par nos prédécesseurs immédiats, mais qu'on embrasse et qu'on examine de plus

haut tout le passé de l'Église et toutes les manières dont la foi unique s'est manifestée dans des formes de culture humaine et profane aussi différentes que celles qui ont été en vigueur chez les Sémites, les Grecs, les Latins. Cette enquête plus vaste nous permet de voir comment l'Esprit Saint accorde au peuple de Dieu une fidélité admirable pour conserver l'immuable dépôt de la foi à travers la diversité considérable des prières et des rites.

Adaptation aux conditions nouvelles

10. Le nouveau Missel, tout en attestant la règle de prière de l'Église romaine et en préservant le dépôt de la foi légué par les récents conciles, marque donc à son tour une étape très importante dans la tradition liturgique.

Lorsque les Pères du IIe concile du Vatican ont répété les affirmations dogmatiques du concile de Trente, ils ont parlé à une époque bien différente de la vie du monde ; c'est pourquoi, dans le domaine pastoral, ils ont pu apporter des suggestions et des conseils qu'on ne pouvait même pas prévoir quatre siècles auparavant.

11. Le concile de Trente avait déjà reconnu la grande valeur catéchétique de la célébration de la messe sans pouvoir cependant en tirer toutes les conséquences pratiques. Certes beaucoup demandaient qu'il fût permis d'employer la langue du pays dans la célébration du sacrifice eucharistique. Devant une telle requête, le concile, tenant compte des circonstances d'alors, estimait de son devoir de réaffirmer la doctrine traditionnelle de l'Église, selon laquelle le sacrifice eucharistique est avant tout l'action du Christ lui-même : par conséquent, son efficacité propre n'est pas atteinte par la manière dont les fidèles peuvent y participer. C'est pourquoi il s'est exprimé de cette façon ferme et mesurée : « Bien que la messe contienne un riche enseignement pour le peuple fidèle, les Pères n'ont pas jugé bon qu'elle soit célébrée sans discernement dans la langue du pays »[12]. Et il a condamné celui qui estimerait « qu'il faut réprouver le rite de l'Église romaine par lequel le Canon et les paroles de la consécration sont prononcés à voix basse : ou que la messe doit être célébrée uniquement en langue du pays[13] ». Néanmoins, si d'un côté il a interdit l'emploi de la langue vivante dans la messe, de l'autre, il a prescrit aux pasteurs d'y suppléer par une catéchèse faite au moment voulu : « Pour que les brebis du Christ ne souffrent pas de la faim... le concile ordonne aux pasteurs et à tous ceux qui ont charge d'âmes d'expliquer fréquemment, au cours de la célébration de la messe, par eux-mêmes ou par d'autres, tel ou tel des textes qui sont lus au cours de la messe et, entre autres, d'éclairer le mystère de ce sacrifice, surtout les dimanches et les jours de fête. »[14]

12. C'est pourquoi, rassemblé pour adapter l'Église aux conditions de sa fonction apostolique à notre époque, le IIe concile du Vatican a scruté profondément, comme celui de Trente, la nature didactique et pastorale de la liturgie[15]. Et comme il n'est aucun catholique pour nier que le rite accompli en langue latine soit légitime et efficace, il a pu concéder en outre que « l'emploi de la langue vivante peut être souvent très utile pour le peuple » et il en a permis l'usage[16]. L'empressement évident avec lequel ce conseil a été reçu partout a eu pour effet que, sous la conduite des évêques et du Siège apostolique lui-même, on a permis que toutes les célébrations liturgiques auxquelles le peuple participerait soient faites en langue vivante, pour que l'on comprenne plus pleinement le mystère célébré.

13. Néanmoins, puisque l'usage de la langue vivante dans la liturgie n'est qu'un instrument, certes très important, pour que

[12] *Conc. Oecum. Trid.* Session XXII, Doctrine du sacrifice de la messe, chap. 8 : DS, p. 1749.

[13] *Ibid.*, can. 9 : DS, p. 1759.

[14] *Ibid.*, chap. 8 : DS, p. 1749.

[15] *Cf. Const. lit.*, art. 33.

[16] *Ibid.*, art. 36.

s'exprime plus clairement la catéchèse du mystère contenu dans la célébration, le IIe concile du Vatican a, en outre, exhorté à mettre en pratique certaines prescriptions du concile de Trente auxquelles on n'avait pas obéi partout, comme le devoir de faire l'homélie les dimanches et jours de fête [17], et la possibilité d'intercaler dans les rites quelques monitions [18].

Mais surtout, le IIe concile du Vatican, en conseillant « cette participation meilleure à la messe qui consiste en ce que les fidèles, après la Communion du prêtre, reçoivent le Corps du Seigneur avec des pains consacrés à ce même sacrifice » [19], a poussé à réaliser un autre souhait du concile de Trente, à savoir que, pour participer plus pleinement à l'Eucharistie, « les fidèles communient à chaque messe, non seulement par le désir spirituel, mais aussi par la réception sacramentelle de l'Eucharistie [20] ».

14. Poussé par le même esprit et le même zèle pastoral, le IIe concile du Vatican a pu réexaminer ce que le concile de Trente avait statué au sujet de la Communion sous les deux espèces. En effet, puisque aujourd'hui on ne met aucunement en doute les principes doctrinaux sur la pleine valeur de la Communion, où l'Eucharistie est reçue sous la seule espèce du pain, il a permis de donner parfois la Communion sous les deux espèces, parce que, alors, grâce à une présentation plus claire du signe sacramentel, on procure une occasion particulière de pénétrer plus profondément le mystère auquel participent les fidèles [21].

15. De la sorte, tandis que l'Église demeure fidèle à sa charge d'enseigner la vérité en gardant « ce qui est ancien », c'est-à-dire le dépôt de la Tradition, elle accomplit aussi son devoir

[17] *Ibid.*, art. 52.

[18] *Ibid.*, art. 35, § 3.

[19] *Ibid.*, art. 55.

[20] *Conc. Oecum. Trid.* Session XXII, Doctrine du sacrifice de la messe, chap. 6 : DS, p. 1747.

[21] *Cf. Const. lit.*, art. 55.

d'examiner et d'adopter prudemment « ce qui est nouveau » (*cf.* Mt 13, 52).

En effet, une partie du nouveau Missel rattache plus clairement les prières de l'Église aux besoins de notre temps ; de ce genre relèvent principalement les messes rituelles et « pour intentions et circonstances diverses », dans lesquelles se combinent heureusement tradition et nouveauté. C'est pourquoi aussi, tandis que sont demeurées intactes beaucoup d'expressions puisées dans la plus antique tradition de l'Église et rendues familières par le même Missel romain dans ses nombreuses éditions, beaucoup d'autres ont été adaptées aux exigences et aux conditions actuelles. D'autres, enfin, comme les oraisons pour l'Église, pour les laïcs, pour la sanctification du travail humain, pour la communauté de toutes les nations, et pour certains besoins propres à notre époque, ont été entièrement composées à neuf, en empruntant les pensées et souvent les termes mêmes aux récents documents conciliaires.

De même, parce qu'on prenait conscience de la situation nouvelle du monde contemporain, il a semblé qu'on ne portait aucune atteinte au vénérable trésor de la Tradition en modifiant certaines phrases empruntées à la plus ancienne tradition pour que leur style s'accorde mieux avec le langage théologique d'aujourd'hui et se rattache en vérité à la situation actuelle de la discipline dans l'Église. C'est pourquoi certaines expressions, concernant l'appréciation et l'usage des biens terrestres, ont été changées, ainsi que d'autres qui mettaient en relief une forme de pénitence extérieure propre à l'Église d'autres époques.

Voilà comment les normes liturgiques du concile de Trente ont été, sur bien des points, complétées et parachevées par les normes du IIe concile du Vatican ; celui-ci a conduit à son terme les efforts visant à rapprocher les fidèles de la liturgie, efforts entrepris pendant ces quatre siècles et surtout à une époque récente, grâce au zèle liturgique déployé par saint Pie X et ses successeurs.

Chapitre I

IMPORTANCE ET DIGNITÉ DE LA CÉLÉBRATION EUCHARISTIQUE

16. La célébration de la messe, comme action du Christ et du peuple de Dieu organisé hiérarchiquement, est le centre de toute la vie chrétienne pour l'Église, aussi bien universelle que locale, et pour chacun des fidèles [1]. C'est en elle en effet que se trouve le sommet de l'action par laquelle Dieu, dans le Christ, sanctifie le monde, et du culte que l'humanité offre au Père, en l'adorant dans l'Esprit Saint par le Christ Fils de Dieu [2]. En outre, c'est dans cette célébration que les mystères de la Rédemption, au cours du cycle annuel, sont commémorés de telle sorte qu'ils sont rendus présents d'une certaine façon [3]. Quant aux autres actions sacrées et à toutes les œuvres de la vie chrétienne, elles s'y relient, elles y trouvent leur source et leur fin [4].

17. Il est donc de la plus grande importance que la célébration de la messe, c'est-à-dire de la Cène du Seigneur, soit réglée de telle façon que les ministres et les fidèles, y participant selon leur

[1] *Cf. Const. lit.*, art. 41 ; Const. dogm. sur l'Église, art. 11 ; Décret sur le ministère et la vie des prêtres, art. 2, 5, 6 ; Décret sur la charge pastorale des évêques, *Christus Dominus*, 28 octobre 1965, art. 30 ; Décret sur l'œcuménisme, *Unitatis redintegratio*, 21 novembre 1964, art. 15 ; Instr. *Eucharisticum Mysterium*, n. 3e, 6 : DC (1967), n. 1496, p. 1094, 1096-1097.

[2] *Cf. Const. lit.*, art. 10.

[3] *Cf. ibid.*, art. 102.

[4] *Cf. Const. lit.*, art. 10 ; Décret sur le ministère et la vie des prêtres, art. 5.

condition, en recueillent pleinement les fruits[5] que le Christ Seigneur a voulu nous faire obtenir en instituant le sacrifice eucharistique de son Corps et de son Sang, et en le confiant, comme le mémorial de sa Passion et de sa Résurrection, à l'Église, son épouse bien-aimée[6].

18. Ce résultat sera obtenu si, en tenant compte de la nature de chaque assemblée et des diverses circonstances qui la caractérisent, la célébration tout entière est organisée pour favoriser chez les fidèles cette participation consciente, active et plénière du corps et de l'esprit, animée par la ferveur de la foi, de l'espérance et de la charité. Une telle participation est souhaitée par l'Église et demandée par la nature même de la célébration ; elle est un droit et un devoir pour le peuple chrétien en vertu de son baptême[7].

19. La présence et la participation active des fidèles, qui manifestent plus clairement la nature ecclésiale de la célébration[8], ne sont pas toujours réalisables. Cependant la célébration eucharistique possède toujours son efficacité et sa dignité, car elle est l'acte du Christ et de l'Église, dans lequel le prêtre accomplit sa principale fonction et agit toujours pour le salut du peuple.

Il lui est donc recommandé de célébrer même chaque jour le sacrifice eucharistique, s'il le peut[9].

20. Mais, comme la célébration de l'Eucharistie, de même que toute la liturgie, se fait par des signes sensibles par lesquels la foi se nourrit, se fortifie et s'exprime[10], il faut apporter un très grand soin à choisir et à organiser les formes et les éléments proposés par l'Église. Car ceux-ci, compte tenu des circonstances de personnes et

[5] *Cf. Const. lit.*, art. 14, 19, 26, 28, 30.

[6] *Cf. ibid.*, art. 47.

[7] *Cf. ibid.*, art. 14.

[8] *Cf. ibid.*, art. 41.

[9] *Cf.* Décret sur le ministère et la vie des prêtres, art. 13 ; *Code de droit canonique*, can. 904.

[10] *Cf. Const. lit.*, art. 59.

de lieux, peuvent développer plus intensément la participation active et plénière, et répondre plus exactement aux besoins spirituels des fidèles.

21. C'est pourquoi cette *Présentation* vise à donner les lignes générales selon lesquelles la célébration de l'Eucharistie sera bien organisée, et à expliquer les règles selon lesquelles seront établies les différentes formes de célébration [11].

22. La célébration de l'Eucharistie dans les Églises particulières est également de la plus haute importance.

En effet, l'évêque diocésain, premier dispensateur des mystères de Dieu, est, dans l'Église particulière qui lui est confiée, celui qui règle et promeut toute la vie liturgique, et en est le gardien [12]. Dans les célébrations, surtout les célébrations eucharistiques, qui se déroulent sous sa présidence avec la participation des prêtres, des diacres et du peuple, le mystère de l'Église se manifeste. C'est pourquoi de telles messes solennelles doivent être un exemple pour tout le diocèse.

Aussi l'évêque doit-il s'appliquer à ce que les prêtres, les diacres et les fidèles laïcs comprennent toujours plus profondément le sens authentique des rites et des textes liturgiques et soient ainsi conduits à une célébration active et fructueuse de l'Eucharistie. Dans le même esprit, il doit veiller à une dignité toujours plus grande des

[11] Pour les célébrations particulières de la messe, on observera ce qui est établi : pour les messes de petits groupes, S. Cong. pour le Culte divin, Instruction *Actio pastoralis*, du 15 mai 1969 : DC (1970), p. 213-215 et la note de la Commission épiscopale de liturgie de la Conférence des évêques de France du 5 février 1970 ; pour les messes d'enfants : *Directoire des messes d'enfants*, du 1er novembre 1973. Sur la manière de joindre la liturgie des Heures et la messe : *Présentation générale de la Liturgie des Heures*, n. 93-98 ; sur la manière de joindre certaines bénédictions et le couronnement d'une statue de la Vierge Marie et la messe : Rituel romain, *Livre des bénédictions*, préliminaires, n. 28 ; *Rituel du couronnement d'une statue de la Vierge Marie*, n. 10 et 14.

[12] *Cf.* Décret sur la charge pastorale des évêques, art. 15 ; *cf.* aussi *Const. lit.*, art. 41.

célébrations elles-mêmes, ce à quoi contribue tout particulièrement la beauté de l'espace sacré, de la musique et des œuvres d'art.

23. En outre, pour que la célébration corresponde plus pleinement aux prescriptions et à l'esprit de la liturgie et que son efficacité pastorale soit plus grande, on trouvera exposés dans cette *Présentation* et dans l'*Ordinaire de la messe* quelques aménagements et adaptations.

24. Ces adaptations, pour la plupart, consistent dans le choix de certains rites ou de certains textes, comme les chants, les lectures, les prières, les monitions et les gestes, qui répondent mieux aux besoins, à la formation et à la mentalité des participants, et qui sont confiés au prêtre célébrant. Celui-ci se souviendra cependant qu'il est le serviteur de la liturgie et qu'il ne peut de son propre chef ajouter, enlever ou changer quoi que ce soit dans la célébration de la messe [13].

25. Le Missel signale en outre, chaque fois en son lieu, certaines adaptations qui, selon la *Constitution sur la sainte liturgie*, sont de la compétence soit de l'évêque diocésain soit de la Conférence des évêques [14] (*cf.* ci-dessous, n. 387, 388-393).

26. Pour ce qui est des adaptations et des changements plus importants qu'il serait utile ou nécessaire d'introduire pour faire droit aux traditions et à la mentalité des peuples et des régions, selon l'esprit de l'art. 40 de la *Constitution sur la sainte liturgie*, on observera ce qui est exposé dans l'Instruction sur la liturgie romaine et l'inculturation [15] et ci-dessous (n. 395-399).

[13] *Cf. Const. lit.*, art. 22.

[14] *Cf.* encore *ibid.*, art. 38, 40 ; Paul VI, Const. apostolique *Missale romanum*, ci-dessus, p. 19-20.

[15] Congrégation pour le Culte divin et la Discipline des Sacrements (notée par la suite Cong. pour le Culte divin), Instruction *Varietates legitimae*, du 25 janvier 1994 : DC (1994), n. 2093, p. 435-446.

Chapitre II

LA STRUCTURE DE LA MESSE, SES ÉLÉMENTS ET SES PARTIES

I – STRUCTURE GÉNÉRALE DE LA MESSE

27. À la messe ou Cène du Seigneur, le peuple de Dieu est convoqué et rassemblé, sous la présidence du prêtre, qui agit en la personne du Christ, pour célébrer le mémorial du Seigneur, ou sacrifice eucharistique [1]. C'est pourquoi ce rassemblement local de la sainte Église réalise de façon éminente la promesse du Christ : « Lorsque deux ou trois sont rassemblés en mon nom, je suis là, au milieu d'eux » (Mt 18, 20). En effet, dans la célébration de la messe où est perpétué le sacrifice de la Croix [2], le Christ est réellement présent dans l'assemblée elle-même réunie en son nom, dans la personne du ministre, dans sa parole et aussi, mais de façon substantielle et permanente, sous les espèces eucharistiques [3].

28. La messe comporte comme deux parties : la liturgie de la Parole et la liturgie eucharistique ; mais elles sont si étroitement

[1] *Cf.* Décret sur le ministère et la vie des prêtres, art. 5 ; *Const. lit.*, art. 33.

[2] *Cf.* Conc. Trente, Sess. XXII, Doctrine du sacrifice de la messe, chap. 1 : DS 1740 ; *cf.* Paul VI, Profession de foi, du 30 juin 1968, n. 24 : DC (1968), p. 1256-1257.

[3] *Cf. Const. lit.*, art. 7 ; Paul VI, Lettre encyclique *Mysterium fidei*, DC (1965), n. 1456, p. 1635 ; S. Cong. des Rites, Instr. *Eucharisticum Mysterium*, n. 9 : DC (1967), n. 1496, p. 1098-1099.

liées qu'elles forment un seul acte de culte[4]. En effet, la messe dresse la table aussi bien de la parole de Dieu que du Corps du Christ, où les fidèles sont instruits et restaurés[5]. En outre, certains rites ouvrent la célébration et la concluent.

II – LES DIVERS ÉLÉMENTS DE LA MESSE

La lecture et l'explication de la parole de Dieu

29. Lorsqu'on lit dans l'Église la sainte Écriture, c'est Dieu lui-même qui parle à son peuple et c'est le Christ, présent dans sa parole, qui annonce l'Évangile.

C'est pourquoi les lectures de la parole de Dieu, qui constituent un élément de très grande importance dans la liturgie, doivent être écoutées par tous avec le plus grand respect. Cependant, bien que la parole divine, dans les lectures de la sainte Écriture, s'adresse à tous les hommes de n'importe quelle époque et leur soit intelligible, sa pleine intelligence et son efficacité sont favorisées par un exposé vivant, c'est-à-dire par l'homélie, qui fait partie de l'action liturgique[6].

Les oraisons et les autres parties qui reviennent au prêtre

30. De tout ce qui revient au prêtre, la Prière eucharistique occupe la première place, car elle est le sommet de toute la célébration. Viennent ensuite les oraisons, c'est-à-dire la prière d'ouverture (Collecte), la prière sur les offrandes et la prière

[4] *Cf. Const. lit.*, art. 56 ; S. Cong. des Rites, Instr. *Eucharisticum Mysterium*, n. 3 : DC (1967), n. 1496, p. 1092-1095.

[5] *Cf. Const. lit.*, art. 48, 51 ; Const. sur la Révélation, *Dei Verbum*, 18 novembre 1965, art. 21 ; Décret sur le ministère et la vie des prêtres, art. 4.

[6] *Cf. Const. lit.*, art. 7, 33, 52.

après la Communion. Ces prières, dites par le prêtre qui préside l'assemblée en tenant la place du Christ en personne, s'adressent à Dieu au nom de tout le peuple saint et de tous ceux qui sont présents[7]. C'est donc à juste titre qu'on les nomme « oraisons présidentielles ».

31. C'est encore au prêtre, dans sa fonction de président de l'assemblée, qu'il revient de prononcer certaines monitions prévues dans le rite lui-même. Là où les rubriques l'indiquent, il lui est permis de les adapter quelque peu pour qu'elles correspondent mieux à la compréhension des participants. Le prêtre aura soin cependant de toujours conserver le sens de la monition proposée dans le Missel et de l'exprimer en peu de mots. Il revient également au prêtre qui préside de diriger la liturgie de la parole de Dieu et de donner la bénédiction finale. Il lui est permis, en outre, d'introduire les fidèles à la messe du jour par des paroles très brèves, après la salutation initiale et avant l'acte pénitentiel ; à la liturgie de la Parole, avant les lectures ; à la Prière eucharistique, avant la Préface, mais jamais au cours de la prière elle-même ; et enfin de conclure toute la célébration, avant l'envoi des fidèles.

32. La nature des parties « présidentielles » exige qu'elles soient prononcées clairement et à haute voix et qu'elles soient écoutées attentivement par tous[8]. Par conséquent, pendant que le prêtre les prononce, il n'y aura pas d'autres prières ni d'autres chants, l'orgue et les autres instruments resteront silencieux.

33. Le prêtre prie comme président, au nom de l'Église et de la communauté rassemblée ; il prie aussi parfois en son nom propre pour accomplir son ministère avec plus d'attention et de piété. Ces prières-là, proposées avant la lecture de l'Évangile, à la

[7] *Cf. ibid.*, art. 33.

[8] *Cf.* S. Cong. des Rites, Instr. *Musicam sacram*, du 5 mars 1967, n. 14 : DC (1967), n. 1490, p. 499.

préparation des dons, avant et après la Communion du prêtre, sont prononcées à voix basse.

Les autres formules dans la célébration

34. Puisque, par sa nature, la célébration de la messe a un caractère « communautaire [9] », les dialogues entre le prêtre et les fidèles rassemblés, ainsi que les acclamations, possèdent une grande signification [10] : en effet, ce ne sont pas seulement des signes extérieurs de la célébration commune, mais des éléments qui favorisent et réalisent la communion entre le prêtre et le peuple.

35. Les acclamations des fidèles et leurs réponses aux salutations et aux prières du prêtre constituent un degré de participation active qui doit être réalisé par les fidèles rassemblés quelle que soit la forme de la messe, pour exprimer clairement et pour favoriser l'action de toute la communauté [11].

36. Il y a d'autres parties qui sont très utiles pour manifester et favoriser la participation active des fidèles et qui reviennent à toute l'assemblée, notamment l'acte pénitentiel, la Profession de foi, la Prière universelle et l'oraison dominicale.

37. Enfin, parmi les autres formules :

a) Certaines constituent un rite ou un acte ayant valeur en lui-même, comme l'hymne *Gloria*, le psaume responsorial, l'*Alléluia* et le verset avant l'Évangile, le *Sanctus*, l'acclamation d'anamnèse, le chant après la Communion.

[9] *Cf. Const. lit.*, art. 26-27 ; S. Cong. des Rites, Instr. *Eucharisticum Mysterium*, n. 3d : DC (1967), n. 1496, p. 1093.

[10] *Cf. ibid.*, art. 30.

[11] S. Cong. des Rites, Instr. *Musicam sacram*, n. 16a : DC (1967), n. 1490, p. 500.

b) Certaines autres, comme les chants pour l'entrée, l'offertoire, la fraction (*Agnus Dei* / Agneau de Dieu) et la Communion, accompagnent un rite.

Les façons de prononcer les différents textes

38. Dans les textes qui doivent être prononcés clairement et à voix haute par le prêtre, le diacre, le lecteur, ou par tous, le ton de voix doit répondre au genre du texte lui-même, selon qu'il s'agit d'une lecture, d'une prière, d'une monition, d'une acclamation ou d'un chant ; il doit répondre aussi à la forme de la célébration et à la solennité du rassemblement. En outre, on tiendra compte du caractère des diverses langues et de la mentalité des peuples.

Dans les rubriques et les normes qui suivent, les mots « dire » ou « prononcer » doivent donc s'entendre soit du chant, soit de la récitation, en observant les principes exposés ci-dessus.

L'importance du chant

39. L'Apôtre invite les fidèles, qui se rassemblent dans l'attente de l'avènement de leur Seigneur, à chanter ensemble des psaumes, des hymnes et des cantiques inspirés (*cf.* Col 3, 16). Le chant est en effet le signe de l'allégresse du cœur (*cf.* Ac 2, 46). Aussi saint Augustin dit-il justement : « Chanter est le fait de celui qui aime » [12], et selon un proverbe ancien : « Bien chanter, c'est prier deux fois ».

40. On fera donc grand usage du chant dans les célébrations, en tenant compte de la mentalité des peuples et des aptitudes de chaque assemblée. S'il n'est pas toujours nécessaire, par exemple aux messes de semaine, de chanter tous les textes qui, par

[12] Sermon 336, 1 : *PL* 38, 1472.

eux-mêmes, sont destinés à être chantés, on mettra tout le soin possible pour que le chant des ministres et du peuple ne soit pas absent des célébrations, les dimanches et fêtes de précepte.

Cependant, en choisissant les parties qui seront effectivement chantées, on donnera la priorité à celles qui ont plus d'importance, et surtout à celles qui doivent être chantées par le prêtre, le diacre ou le lecteur, avec réponse du peuple, ou qui doivent être prononcées simultanément par le prêtre et le peuple [13].

41. Le chant grégorien, en tant que chant propre de la liturgie romaine, doit, toutes choses égales par ailleurs, occuper la première place. Les autres genres de musique sacrée, et surtout la polyphonie, ne sont nullement exclus, pourvu qu'ils s'accordent avec l'esprit de l'action liturgique et qu'ils favorisent la participation de tous les fidèles [14].

Et comme les rassemblements entre fidèles de diverses nations deviennent de plus en plus fréquents, il est nécessaire que ces fidèles sachent chanter ensemble, en latin, sur des mélodies assez faciles, au moins quelques parties de l'ordinaire de la messe, notamment la Profession de foi et l'oraison dominicale [15].

Les gestes et les attitudes du corps

42. Les gestes et les attitudes du corps, tant ceux du prêtre, du diacre ou des autres ministres, que ceux du peuple, doivent viser à ce que toute la célébration manifeste une belle et noble simplicité, que soit perçue toute la vraie signification de ses diverses

[13] *Cf.* S. Cong. des Rites, Instr. *Musicam sacram*, n. 7, 16 : DC (1967), n. 1490, p. 498, 500 ; *Ordo cantus Missae*, 1972, préliminaires.

[14] *Cf. Const. lit.*, art. 116 ; *cf.* aussi art. 30.

[15] *Cf. Const. lit.*, art. 54 ; S. Cong. des Rites, Instr. *Inter Oecumenici*, 26 septembre 1964, n. 59 : DC (1964), n. 1435, p. 1369 ; Instr. *Musicam sacram*, n. 47 : DC (1967), n. 1490, p. 506.

parties et que soit favorisée la participation de tous [16]. On devra donc être attentif aux normes de cette *Présentation générale* et à la pratique reçue du rite romain ainsi qu'au bien commun spirituel du peuple de Dieu, plutôt qu'à ses goûts personnels et à son propre jugement.

Les attitudes communes à observer par tous les participants sont un signe de l'unité des membres de la communauté chrétienne rassemblée dans la sainte liturgie ; en effet, elles expriment et développent l'esprit et la sensibilité des participants.

43. Les fidèles se tiendront debout depuis le début du chant d'entrée, ou quand le prêtre se rend à l'autel, jusqu'à la prière d'ouverture (Collecte) inclusivement ; au chant de l'*Alléluia* avant l'Évangile ; pendant la proclamation de l'Évangile ; pendant la Profession de foi et la Prière universelle ; et depuis l'invitation *Orate fratres* (Prions ensemble) avant la prière sur les offrandes jusqu'à la fin de la messe, excepté ce que l'on va dire.

Ils seront assis pendant les lectures qui précèdent l'Évangile et le psaume responsorial ; à l'homélie et pendant la préparation des dons pour l'offertoire ; et, si on le juge bon, pendant qu'on observe un temps de silence sacré après la Communion.

Ils s'agenouilleront pour la consécration, à moins que leur état de santé, l'exiguïté des lieux ou le grand nombre des participants ou d'autres justes raisons ne s'y opposent. Ceux qui ne s'agenouillent pas pour la consécration feront une inclination profonde pendant que le prêtre fait la génuflexion après la consécration.

Il appartient toutefois à la Conférence des évêques d'adapter les gestes et les attitudes décrits dans l'*Ordinaire de la messe* à la mentalité et aux justes traditions des peuples, selon la norme du

[16] *Cf. Const. lit.*, art. 30, 34 ; *cf.* aussi art. 21.

droit[17]. On veillera cependant à ce qu'ils correspondent au sens et au caractère des différentes parties de la célébration. Là où il est de coutume que le peuple demeure à genoux depuis la fin du *Sanctus* jusqu'à la fin de la Prière eucharistique et avant la Communion quand le prêtre dit *Ecce Agnus Dei* (Voici l'Agneau de Dieu), il sera bon de conserver cette coutume.

Pour obtenir des attitudes et des gestes communs au cours d'une même célébration, les fidèles suivront les monitions du diacre, ou d'un autre ministre laïc, ou du prêtre, selon les indications du Missel.

44. Parmi les gestes, on compte aussi les actions et les processions quand le prêtre, avec le diacre et les ministres, se rend à l'autel ; quand le diacre porte à l'ambon l'Évangéliaire ou le livre des Évangiles avant la proclamation de l'Évangile ; quand les fidèles apportent les dons et s'approchent pour la Communion. Il convient que ces actions et processions se déroulent avec beauté, tandis qu'on exécute les chants appropriés, selon les normes fixées pour chacune.

Le silence

45. Le silence sacré fait partie de la célébration : il doit aussi être observé en son temps[18]. Sa nature dépend du moment où il trouve place dans chaque célébration. En effet, pendant l'acte pénitentiel et après l'invitation à prier, chacun se recueille ; après une lecture ou l'homélie, on médite brièvement ce qu'on a entendu ; après la Communion, le silence permet la louange et la prière intérieure.

[17] *Cf. ibid.*, n. 40 ; *cf.* Cong. pour le Culte divin et la Discipline des Sacrements, Instr. *Varietates legitimae* : DC (1994), n. 2093, p. 435-446.

[18] *Cf. Const. lit.*, art. 30 ; S. Cong. des Rites, Instr. *Musicam sacram*, n. 17 : DC (1967), n. 1490, p. 500.

Dès avant la célébration elle-même, il est bon de garder le silence dans l'église, à la sacristie et dans les lieux avoisinants, pour que tous se disposent à célébrer les saints mystères religieusement et selon les rites.

III – LES DIFFÉRENTES PARTIES DE LA MESSE

A) RITES INITIAUX

46. Les rites qui précèdent la liturgie de la Parole, c'est-à-dire le chant d'entrée (*Introït*), la salutation, l'acte pénitentiel, le *Kyrie*, le *Gloria* et la prière d'ouverture (Collecte), ont le caractère d'une ouverture, d'une introduction et d'une préparation.

Leur but est que les fidèles qui se réunissent réalisent une communion et se disposent à bien entendre la parole de Dieu et à célébrer dignement l'Eucharistie.

Dans certaines célébrations qui sont jointes à la messe, selon la norme des livres liturgiques, on omet les rites d'ouverture ou on les accomplit d'une manière particulière.

*Le chant d'entrée (l'*Introït*)*

47. Lorsque le peuple est rassemblé, tandis que le prêtre entre avec le diacre et les ministres, on commence le chant d'entrée (*Introït*). Le but de ce chant est d'ouvrir la célébration, de favoriser l'union des fidèles rassemblés, d'introduire leur esprit dans le mystère du temps liturgique ou de la fête, et d'accompagner la procession du prêtre et des ministres.

48. Il est exécuté alternativement par la chorale et le peuple ou, de la même manière, par le chantre et le peuple, ou bien entièrement par le peuple ou par la chorale seule. On peut utiliser ou bien l'antienne avec son psaume qui se trouvent soit dans le *Graduale romanum* soit dans le *Graduale simplex* ; ou bien un autre chant accordé à l'action sacrée, au caractère du jour ou du temps, et dont le texte soit approuvé par la Conférence des évêques [19].

S'il n'y a pas de chant pour l'entrée, on fait réciter l'antienne que propose le Missel, soit par les fidèles, soit par certains d'entre eux, soit par un lecteur ou, autrement, par le prêtre lui-même, qui peut aussi l'adapter sous forme de monition d'ouverture.

La salutation à l'autel et au peuple rassemblé

49. Lorsqu'ils sont arrivés au « sanctuaire », le prêtre, le diacre et les ministres saluent l'autel par une inclination profonde.

Pour exprimer leur vénération, le prêtre et le diacre baisent ensuite l'autel ; et le prêtre, si cela est opportun, encense la croix et l'autel.

50. Lorsque le chant d'entrée est fini, le prêtre, debout à son siège, fait le signe de la croix avec toute l'assemblée. Ensuite, en saluant la communauté rassemblée, il lui signifie la présence du Seigneur. Cette salutation et la réponse du peuple manifestent le mystère de l'Église rassemblée.

Après la salutation au peuple, le prêtre, ou le diacre, ou un ministre laïc, peut, par quelques mots très brefs, introduire les fidèles à la messe du jour.

[19] *Cf.* Jean-Paul II, Lettre apost. *Dies Domini*, du 31 mai 1998, n. 50 : DC (1998), n. 2186, p. 670.

L'acte pénitentiel

51. Ensuite, le prêtre invite à l'acte pénitentiel qui, après un bref instant de silence, est réalisé par toute la communauté en utilisant une formule de confession générale ; le prêtre conclut par une absolution, qui n'a pas toutefois l'efficacité du sacrement de pénitence.

Le dimanche, au Temps pascal surtout, en lieu et place de l'acte pénitentiel, on peut faire la bénédiction de l'eau et l'aspersion en mémoire du baptême[20].

Le Kyrie eleison

52. Après l'acte pénitentiel, on commence toujours le *Kyrie eleison*, à moins que cette invocation n'ait déjà trouvé place dans l'acte pénitentiel lui-même. Puisque c'est un chant par lequel les fidèles acclament le Seigneur et implorent sa miséricorde, il est habituellement exécuté par tous, le peuple, la chorale ou un chantre y tenant leur partie.

Chaque acclamation est ordinairement dite deux fois, mais cela n'exclut pas, en raison du génie des différentes langues, des exigences de l'art musical, ou en raison des circonstances, qu'on puisse la répéter davantage. Quand le *Kyrie* est chanté comme faisant partie de l'acte pénitentiel, on fait précéder d'un « trope » chaque acclamation.

Le Gloria in excelsis

53. Le *Gloria* est une hymne très ancienne et vénérable par laquelle l'Église, rassemblée dans l'Esprit Saint, glorifie Dieu le Père ainsi que l'Agneau qu'elle supplie. On ne peut jamais

[20] *Cf. Missel romain*, Rite de l'eau bénite, p. 452.

remplacer le texte de cette hymne par un autre. Le *Gloria* est entonné par le prêtre ou, si cela est opportun, par un chantre ou par la chorale ; il est chanté soit par tous ensemble, soit par le peuple alternant avec la chorale, soit par la chorale elle-même. Si on ne le chante pas, il doit être récité par tous, ensemble ou par deux chœurs qui alternent.

On chante ou on dit le *Gloria* le dimanche en dehors de l'Avent et du Carême, aux solennités et aux fêtes, ou encore dans des célébrations particulières plus solennelles.

La prière d'ouverture (Collecte)

54. Puis, le prêtre invite le peuple à prier ; et tous, avec le prêtre, font un instant de silence, pour prendre conscience qu'ils se tiennent en présence de Dieu, et pour mentionner intérieurement leurs intentions de prière. Ensuite le prêtre prononce la prière d'ouverture, appelée habituellement « collecte », qui exprime le caractère de la célébration. Selon l'antique tradition de l'Église, cette prière s'adresse habituellement à Dieu le Père, par le Christ, dans l'Esprit Saint [21], et se termine par une conclusion trinitaire, c'est-à-dire par la conclusion longue, de la manière suivante :

– si elle s'adresse au Père : « *Per Dominum nostrum Iesum Christum Filium tuum, qui tecum vivit et regnat in unitate Spiritus Sancti, Deus, per omnia saecula saeculorum* » (Par Jésus Christ, ton Fils, notre Seigneur et notre Dieu, qui règne avec toi et le Saint-Esprit, maintenant et pour les siècles des siècles) ;

– si elle s'adresse au Père, mais avec mention du Fils à la fin : « *Qui tecum vivit et regnat in unitate Spiritus Sancti, Deus, per omnia saecula saeculorum* » (Lui qui règne avec toi et le Saint-Esprit, maintenant et pour les siècles des siècles) ;

[21] *Cf.* Tertullien, *Contra Marcionem*, IV, 9 : *PL* 376A ; Origène, *Entretien avec Héraclide*, n. 4, 24 : SC 67, p. 62 ; *Statuta Concilii Hipponensis Breviata*, 21 : *CCSL* 149, p. 39.

si elle s'adresse au Fils : « *Qui vivis et regnas cum Deo Patre in unitate Spiritus Sancti, Deus, per omnia saecula saeculorum* » (Toi qui règnes avec le Père et le Saint-Esprit, maintenant et pour les siècles des siècles).

Le peuple s'unit à la supplication et la fait sienne par l'acclamation *Amen*.

À la messe on ne dit toujours qu'une seule prière d'ouverture (Collecte).

B) LITURGIE DE LA PAROLE

55. La partie principale de la liturgie de la Parole est constituée par les lectures tirées de la sainte Écriture, avec les chants qui s'y intercalent. En outre, l'homélie, la Profession de foi et la Prière universelle la développent et la concluent. Car dans les lectures, que l'homélie explique, Dieu adresse la parole à son peuple [22], il découvre le mystère de la Rédemption et du salut et il offre une nourriture spirituelle ; et le Christ lui-même est là, présent par sa Parole, au milieu des fidèles [23]. Cette parole divine, le peuple la fait sienne par le silence et les chants et il y adhère par la Profession de foi ; nourri par elle, il supplie avec la Prière universelle pour les besoins de toute l'Église et pour le salut du monde entier.

Le silence

56. La liturgie de la Parole doit se célébrer de manière à favoriser la méditation, c'est-à-dire en évitant toute forme de précipitation qui empêche le recueillement. Il est même bon qu'elle comprenne quelques brefs moments de silence, adaptés à

[22] *Cf. Const. lit.*, art. 33.
[23] *Cf. ibid.*, art. 7.

l'assemblée réunie : par ce moyen, avec l'aide de l'Esprit Saint, la parole de Dieu est accueillie dans le cœur et la réponse de chacun se prépare dans la prière. Ces moments de silence peuvent être observés opportunément, par exemple, avant de commencer la liturgie de la Parole, après la première et la deuxième lecture, et enfin après l'homélie [24].

Les lectures bibliques

57. Dans les lectures, la table de la parole de Dieu est dressée pour les fidèles, et les trésors bibliques leur sont ouverts [25]. Il importe par conséquent d'observer l'ordonnance des lectures bibliques, qui montre bien l'unité de l'un et l'autre Testaments et de l'histoire du salut, et il n'est jamais permis de remplacer les lectures et le psaume responsorial, qui contiennent la parole de Dieu, par d'autres textes non bibliques [26].

58. Dans la célébration de la messe avec peuple, les lectures sont toujours proclamées de l'ambon.

59. Traditionnellement, la fonction de proclamer les lectures n'est pas une fonction présidentielle, mais ministérielle. Les lectures seront donc proclamées par un lecteur et l'Évangile par le diacre ou, en son absence, par un autre prêtre. Toutefois, s'il n'y a pas de diacre ou d'autre prêtre, le prêtre célébrant lira lui-même l'Évangile ; et s'il ne se trouve pas non plus d'autre lecteur idoine, le prêtre célébrant proclamera aussi les autres lectures.

Après chaque lecture, le lecteur dit une acclamation à laquelle répond le peuple rassemblé, accordant ainsi honneur à la parole de Dieu accueillie dans la foi et dans un cœur reconnaissant.

[24] *Cf. Ordo lectionum missae*, typica altera, n. 28.

[25] *Cf. Const. lit.*, art. 51.

[26] *Cf.* Jean-Paul II, Lettre apostolique *Vicesimus quintus annus*, du 4 décembre 1988, n. 13 : DC (1989), n. 1985, p. 521.

60. La proclamation de l'Évangile constitue le sommet de la liturgie de la Parole. Il faut lui accorder la plus grande vénération. La liturgie elle-même nous l'enseigne puisqu'elle la distingue des autres lectures par des marques d'honneur spécifiques : soit de la part du ministre chargé de l'annoncer, qui s'y prépare par la bénédiction et la prière ; soit de la part des fidèles qui par leurs acclamations reconnaissent et professent que le Christ est présent et leur parle, et qui écoutent sa lecture debout ; soit par les signes de vénération adressés au livre des Évangiles.

Le psaume responsorial

61. La première lecture est suivie du psaume responsorial qui fait partie intégrante de la liturgie de la Parole et a une grande importance liturgique et pastorale, car il favorise la méditation de la parole de Dieu.

Le psaume responsorial correspond à chaque lecture et se prend d'ordinaire dans le Lectionnaire.

Il importe que le psaume responsorial soit chanté, au moins pour ce qui est de la réponse du peuple. Le psalmiste, ou chantre du psaume, exécute les versets du psaume à l'ambon ou à un autre endroit approprié, tandis que toute l'assemblée est assise et écoute ; habituellement celle-ci participe par un refrain, à moins que le psaume ne soit dit de manière suivie, c'est-à-dire sans reprise d'un refrain. Cependant, pour que le peuple puisse plus facilement donner une réponse en forme de psalmodie, on a choisi quelques textes de refrains et de psaumes pour les différents temps de l'année ou pour les différentes catégories de saints, que l'on peut employer, au lieu du texte correspondant à la lecture, chaque fois que le psaume est chanté. Si le psaume ne peut pas être chanté, on le récitera de la manière la plus apte à favoriser la méditation de la parole de Dieu.

À la place du psaume marqué dans le Lectionnaire, on peut chanter aussi le répons graduel du *Graduale romanum*, ou le psaume responsorial ou alléluiatique du *Graduale simplex*, tels qu'ils se trouvent dans ces différents livres.

L'acclamation avant l'Évangile

62. Après la lecture qui précède immédiatement l'Évangile, on chante l'*Alléluia* ou un autre chant établi par les rubriques, selon ce que demande le temps liturgique. Ce genre d'acclamation constitue un rite ou un acte ayant valeur en lui-même, par lequel l'assemblée des fidèles accueille le Seigneur qui va leur parler dans l'Évangile, le salue et professe sa foi en chantant. L'acclamation est chantée par tous debout, la chorale ou le chantre donnant l'intonation et, le cas échéant, on répète l'acclamation ; le verset est chanté par la chorale ou le chantre.

L'*Alléluia* est chanté en tout temps en dehors du Carême. Les versets sont pris au Lectionnaire ou au *Graduale*.

Pendant le Carême on remplace l'*Alléluia* par un verset avant l'Évangile, qui se trouve dans le Lectionnaire. On peut encore chanter un autre psaume ou « trait », tel qu'on le trouve dans le *Graduale*.

63. Quand il n'y a qu'une seule lecture avant l'Évangile :

Au temps où l'on doit dire l'*Alléluia*, on peut employer soit le psaume alléluiatique, soit le psaume suivi de l'*Alléluia* avec son verset.

Au temps où l'on ne doit pas dire l'*Alléluia*, on peut employer ou bien le psaume et le verset avant l'Évangile, ou bien le psaume seulement.

Si on ne les chante pas, on peut omettre l'*Alléluia* ou le verset avant l'Évangile.

64. La séquence, qui est facultative sauf aux jours de Pâques et de la Pentecôte, est chantée avant l'*Alléluia*.

L'homélie

65. L'homélie fait partie de la liturgie et elle est fortement recommandée car elle est nécessaire pour nourrir la vie chrétienne[27]. Elle doit expliquer un aspect des lectures scripturaires ou bien d'un autre texte de l'ordinaire ou du propre de la messe du jour, en tenant compte soit du mystère que l'on célèbre, soit des besoins particuliers des auditeurs[28].

66. L'homélie doit être faite habituellement par le prêtre célébrant lui-même ou par un prêtre concélébrant à qui il l'aura demandé, ou parfois aussi, si cela est opportun, par un diacre, mais jamais par un laïc[29]. Dans des cas particuliers et pour une juste cause, l'homélie peut être faite aussi par l'évêque ou un prêtre qui participe à la célébration et qui ne peut pas concélébrer.

Les dimanches et fêtes de précepte, il faut faire l'homélie à toutes les messes célébrées en présence du peuple, et on ne pourra l'omettre que pour une cause grave ; les autres jours, elle est aussi recommandée, surtout aux féries de l'Avent, du Carême et du Temps pascal, ainsi qu'aux autres fêtes et aux occasions où le peuple se rend à l'église en plus grand nombre[30].

[27] *Cf. Const. lit.*, art. 52 ; *cf. Code de droit canonique*, can. 767, § 1.

[28] *Cf.* S. Cong. des Rites, Instr. *Inter Oecumenici*, n. 54 : DC (1964), n. 1435, p. 1369.

[29] *Cf. Code de droit canonique*, can. 767, § 1 ; Conseil pontifical pour l'interprétation du Code, réponse à un doute sur le can. 767, § 1 : *AAS* 79 (1987), p. 1249 ; Instruction interdicastérielle sur certaines questions au sujet de la coopération des fidèles laïcs au ministère des prêtres, *Ecclesiae de mysterio*, du 15 août 1997, art. 3 : DC (1997), n. 2171, p. 1014-1015.

[30] *Cf.* S. Cong. des Rites, Instr. *Inter Oecumenici*, n. 53 : DC (1964), n. 1435, p. 1368.

Après l'homélie, il sera utile d'observer un bref moment de silence.

La Profession de foi

67. Le Symbole, ou Profession de foi, vise à ce que tout le peuple rassemblé réponde à la parole de Dieu annoncée dans les lectures de la sainte Écriture et expliquée dans l'homélie, et, en professant la règle de la foi dans une formule approuvée pour l'usage liturgique, se rappelle et professe les grands mystères de la foi avant que ne commence leur célébration dans l'Eucharistie.

68. Le Symbole doit être chanté ou dit par le prêtre avec le peuple, le dimanche et les jours de solennité ; on peut aussi le dire lors de célébrations particulières plus solennelles.

S'il est chanté, il est entonné par le prêtre ou, si cela est opportun, par un chantre ou par la chorale ; mais il est chanté soit par tous ensemble, soit par le peuple alternant avec la chorale. Si on ne le chante pas, il doit être récité par tous, ensemble ou par deux chœurs qui se répondent l'un l'autre.

La Prière universelle

69. Dans la Prière universelle, ou prière des fidèles, le peuple répond en quelque sorte à la parole de Dieu reçue dans la foi et, exerçant la fonction de son sacerdoce baptismal, présente à Dieu des prières pour le salut de tous. Il convient que cette prière ait lieu habituellement aux messes avec peuple, si bien que l'on fasse des supplications pour la sainte Église, pour ceux qui nous gouvernent, pour ceux qui sont accablés par diverses misères, pour tous les hommes et pour le salut du monde entier [31].

[31] *Cf. Const. lit.*, art. 53.

70. Les intentions seront habituellement :

a) Pour les besoins de l'Église ;
b) Pour les dirigeants des affaires publiques et le salut du monde entier ;
c) Pour ceux qui sont accablés par toutes sortes de difficultés ;
d) Pour la communauté locale.

Toutefois, dans une célébration particulière, comme une confirmation, un mariage ou des obsèques, l'ordre des intentions pourra s'appliquer plus exactement à cette occasion particulière.

71. C'est au prêtre célébrant de diriger la prière, de son siège. Il l'introduit par une brève monition qui invite les fidèles à prier. Il la conclut par une oraison. Il faut que les intentions soient sobres, composées avec une sage liberté et en peu de mots, et qu'elles expriment la supplication de toute la communauté.

Elles sont dites de l'ambon ou d'un autre lieu approprié, par le diacre, un chantre, un lecteur ou un autre fidèle laïc [32].

Le peuple, debout, exprime sa supplication, soit par une invocation commune après chacune des intentions, soit par une prière silencieuse.

C) LITURGIE EUCHARISTIQUE

72. À la dernière Cène, le Christ a institué le sacrifice et le banquet pascal par lequel le sacrifice de la Croix est sans cesse rendu présent dans l'Église lorsque le prêtre, représentant le Christ Seigneur, accomplit cela même que le Seigneur lui-même a fait et qu'il a transmis à ses disciples pour qu'ils le fassent en mémoire de lui [33].

[32] *Cf.* S. Cong. des Rites, Instr. *Inter Oecumenici*, n. 56 : DC (1964), n. 1435, p. 1369.

[33] *Cf. Const. lit.*, art. 47 ; S. Cong. des Rites, Instr. *Eucharisticum Mysterium*, n. 3a, b : DC (1967), n. 1496, p. 1092-1093.

En effet, le Christ prit le pain et la coupe, rendit grâce, fit la fraction et les donna à ses disciples, en disant : « Prenez, mangez, buvez : ceci est mon Corps ; ceci est la coupe de mon Sang. Vous ferez cela en mémoire de moi. » Aussi l'Église a-t-elle organisé toute la célébration de la liturgie eucharistique en parties qui correspondent à ces paroles et à ces actes du Christ. De fait :

a) Dans la préparation des dons, on apporte à l'autel le pain et le vin avec l'eau, c'est-à-dire les éléments que le Christ a pris dans ses mains.

b) Dans la Prière eucharistique, on rend grâce à Dieu pour toute l'œuvre du salut, et les dons offerts deviennent le Corps et le Sang du Christ.

c) Par la fraction du pain et par la Communion, les fidèles, aussi nombreux soient-ils, reçoivent d'un seul pain le Corps du Seigneur et d'une seule coupe le Sang du Seigneur, de la même manière que les Apôtres les ont reçus des mains du Christ lui-même.

La préparation des dons

73. Au commencement de la liturgie eucharistique, on apporte à l'autel les dons qui deviendront le Corps et le Sang du Christ.

D'abord on prépare l'autel, ou table du Seigneur, qui est le centre de toute la liturgie eucharistique [34], en y plaçant le corporal, le purificatoire, le Missel et le calice, à moins que celui-ci ne soit préparé à la crédence.

Puis on apporte les offrandes : faire présenter le pain et le vin par les fidèles est un usage à recommander ; le prêtre ou le diacre reçoit ces offrandes à un endroit favorable, pour les déposer sur

[34] *Cf.* S. Cong. des Rites, Instr. *Inter Oecumenici*, n. 91 : DC (1964), n. 1435, p. 1363 ; Instr. *Eucharisticum Mysterium*, n. 24 : DC (1967), n. 1496, p. 1104-1105.

l'autel. Même si les fidèles n'apportent plus, comme autrefois, du pain et du vin de chez eux, ce rite de l'apport des dons garde sa valeur et sa signification spirituelle.

De l'argent ou d'autres dons au profit des pauvres ou de l'Église peuvent être apportés par les fidèles ou recueillis dans l'église ; on les dépose à un endroit approprié, hors de la table eucharistique.

74. La procession qui apporte les dons est accompagnée par le chant d'offertoire (*cf.* n. 37b) qui se prolonge au moins jusqu'à ce que les dons aient été déposés sur l'autel. Les normes qui concernent la manière d'exécuter ce chant sont les mêmes que pour le chant d'entrée (n. 48). Le chant peut toujours accompagner les rites de l'offertoire même lorsqu'il n'y a pas de procession des dons.

75. Le pain et le vin sont déposés par le prêtre sur l'autel, geste qu'il accompagne des formules établies ; le prêtre peut encenser les dons placés sur l'autel, puis la croix et l'autel lui-même, pour signifier que l'oblation de l'Église et sa prière montent comme l'encens devant la face de Dieu. Puis, le diacre ou un autre ministre encense le prêtre, à cause de son ministère sacré, et le peuple, en raison de sa dignité baptismale.

76. Ensuite le prêtre se lave les mains sur le côté de l'autel, rite qui exprime le désir de purification intérieure.

La prière sur les offrandes

77. Lorsqu'on a déposé les offrandes et terminé les rites d'accompagnement, on conclut la préparation des dons et on se prépare à la Prière eucharistique par l'invitation à prier avec le prêtre et par la prière sur les offrandes.

À la messe, on dit une seule prière sur les offrandes, qui se termine par la conclusion brève : *Per Christum Dominum nostrum* (Par Jésus, le Christ, notre Seigneur) ; si cependant elle fait mention du Fils à la fin, ce sera : *Qui vivit et regnat in saecula saeculorum* (Lui qui règne pour les siècles des siècles).

Le peuple s'unit à la prière et la fait sienne par l'acclamation *Amen.*

La Prière eucharistique

78. C'est maintenant que commence ce qui est le centre et le sommet de toute la célébration : la Prière eucharistique, prière d'action de grâce et de sanctification. Le prêtre invite le peuple à élever les cœurs vers le Seigneur dans la prière et l'action de grâce et il se l'associe dans la prière qu'il adresse à Dieu le Père par Jésus Christ dans l'Esprit Saint au nom de toute la communauté. Le sens de cette prière est que toute l'assemblée des fidèles s'unisse au Christ dans la confession des hauts faits de Dieu et dans l'offrande du sacrifice. La Prière eucharistique exige que tous l'écoutent avec respect et en silence.

79. On peut distinguer comme suit les principaux éléments qui forment la Prière eucharistique :

a) L'action de grâce (qui s'exprime surtout dans la Préface) : le prêtre, au nom de tout le peuple saint, glorifie Dieu le Père et lui rend grâce pour toute l'œuvre de salut ou pour l'un de ses aspects particuliers, selon la diversité des jours, des fêtes ou des temps.

b) L'acclamation : toute l'assemblée, s'unissant aux puissances d'en haut, chante le *Sanctus*. Cette acclamation, qui fait partie de la Prière eucharistique, est prononcée par tout le peuple avec le prêtre.

c) L'épiclèse : par des invocations particulières, l'Église implore la puissance de l'Esprit Saint, pour que les dons offerts par les hommes soient consacrés, c'est-à-dire deviennent le Corps et le Sang du Christ, et pour que la victime sans tache, qui sera reçue dans la Communion, profite au salut de ceux qui vont y participer.

d) Le récit de l'Institution et la consécration : par les paroles et les actions du Christ s'accomplit le sacrifice que le Christ lui-même a institué à la dernière Cène lorsqu'il offrit son Corps et son Sang sous les espèces du pain et du vin, les donna à manger et à boire aux Apôtres et leur laissa l'ordre de perpétuer ce mystère.

e) L'anamnèse : en accomplissant l'ordre reçu du Christ Seigneur par l'intermédiaire des Apôtres, l'Église fait mémoire du Christ lui-même, célébrant principalement le mémorial de sa Passion bienheureuse, de sa glorieuse Résurrection et de son Ascension dans le ciel.

f) L'offrande : au cœur de cette mémoire, l'Église, surtout celle qui est actuellement ici rassemblée, offre au Père, dans le Saint-Esprit, la victime sans tache. L'Église veut que les fidèles non seulement offrent cette victime sans tache, mais encore, qu'ils apprennent à s'offrir eux-mêmes [35] et soient parfaitement réunis, de jour en jour, par la médiation du Christ, dans l'unité avec Dieu et entre eux, pour qu'à la fin Dieu soit tout en tous [36].

g) Les intercessions : on y exprime que l'Eucharistie est célébrée en union avec toute l'Église, celle du ciel comme celle de la terre, et que l'offrande est faite pour elle et pour tous ses membres vivants et morts, qui ont été appelés à participer à la Rédemption et au salut obtenus par le Corps et le Sang du Christ.

h) La doxologie finale : elle exprime la glorification de Dieu ; elle est ratifiée et conclue par l'acclamation du peuple : *Amen.*

Les rites de Communion

80. Puisque la célébration eucharistique est le banquet pascal, il convient que, selon l'ordre du Seigneur, son Corps et son Sang soient reçus par les fidèles bien préparés comme une nourriture

[35] *Const. lit.*, art. 48 ; S. Cong. des Rites, Instr. *Eucharisticum Mysterium*, n. 12 : DC (1967), n. 1496, p. 1100.

[36] *Cf. Const. lit.*, art. 48 ; Décret sur le ministère et la vie des prêtres, art. 5.

spirituelle. C'est à cela que tendent la fraction et les autres rites préparatoires par lesquels les fidèles sont immédiatement amenés à la Communion.

L'oraison dominicale

81. Dans l'oraison dominicale, on demande le pain quotidien qui, pour les chrétiens, évoque surtout le pain eucharistique, et on y implore la purification des péchés, pour que les choses saintes soient vraiment données aux saints. Le prêtre prononce l'invitation à la prière, tous les fidèles disent celle-ci avec le prêtre, et le prêtre seul ajoute l'embolisme que le peuple conclut par la doxologie. L'embolisme, qui développe la dernière demande de l'oraison dominicale, demande pour toute la communauté des fidèles la libération de l'emprise du mal. L'invitation, la prière proprement dite, l'embolisme et la doxologie par laquelle le peuple conclut cet ensemble sont chantés ou dits à haute voix.

Le rite de la paix

82. Vient ensuite le rite de la paix : l'Église implore la paix et l'unité pour elle-même et toute la famille humaine et les fidèles expriment leur communion dans l'Église ainsi que leur amour mutuel avant de communier au Sacrement.

En ce qui concerne le signe de la paix à transmettre, la façon de faire sera décidée par les Conférences des évêques, selon la mentalité et les us et coutumes de chaque peuple. Il convient cependant que chacun souhaite la paix de manière sobre et uniquement à ceux qui l'entourent.

La fraction du pain

83. Le prêtre rompt le pain eucharistique, aidé, le cas échéant, par le diacre ou un concélébrant. Le geste de la fraction, accompli par le Christ à la dernière Cène et qui a donné son nom à toute l'action eucharistique à l'âge apostolique, signifie que les multiples fidèles, dans la communion à l'unique pain de vie, qui est le Christ, mort et ressuscité pour le salut du monde, deviennent un seul corps (1 Co 10, 17). La fraction commence après le rite de la paix et se fait avec le respect qui s'impose, en évitant de le prolonger sans nécessité ou de lui donner trop d'importance. Ce rite est réservé au prêtre et au diacre.

Le prêtre rompt le pain et met dans le calice une parcelle de l'hostie pour signifier l'unité du Corps et du Sang du Seigneur dans l'œuvre du salut, c'est-à-dire le Corps du Christ Jésus vivant et glorieux. L'invocation *Agnus Dei* (Agneau de Dieu) est ordinairement chantée par la chorale ou le chantre et le peuple y répond ou bien elle est dite à haute voix. Cette invocation accompagne la fraction du pain et peut donc être répétée autant de fois qu'il est nécessaire jusqu'à ce que le rite soit achevé. La dernière fois, elle est conclue par les mots : *Dona nobis pacem* (Donne-nous la paix).

La Communion

84. Le prêtre, par une prière à voix basse, se prépare à recevoir avec fruit le Corps et le Sang du Christ. Les fidèles font de même par une prière silencieuse.

Puis le prêtre montre aux fidèles le pain eucharistique, au-dessus de la patène ou du calice, et les invite au banquet du Christ ; en même temps que les fidèles, il fait un acte d'humilité, en reprenant les paroles évangéliques indiquées.

85. Il est très souhaitable que les fidèles, comme le prêtre est tenu de le faire lui-même, reçoivent le Corps du Seigneur avec des hosties consacrées au cours de cette même célébration et, dans les cas prévus (*cf.* n. 283), qu'ils participent au calice, afin que par ces signes mêmes, la Communion apparaisse mieux comme la participation au sacrifice actuellement célébré [37].

86. Pendant que le prêtre consomme le Sacrement, on commence le chant de Communion pour exprimer par l'unité des voix l'union spirituelle entre les communiants, montrer la joie du cœur et mettre davantage en lumière le caractère « communautaire » de la procession qui conduit à la réception de l'Eucharistie. Le chant se prolonge pendant que les fidèles communient [38]. Mais il s'arrêtera au moment opportun s'il y a une hymne après la Communion.

On veillera à ce que les choristes aussi puissent communier commodément.

87. Pour le chant de Communion, on peut prendre soit l'antienne du *Graduale romanum*, avec ou sans psaume, soit l'antienne avec son psaume du *Graduale simplex*, ou un autre chant approprié approuvé par la Conférence des évêques. Le chant est exécuté soit par la chorale seule, soit par la chorale ou le chantre avec le peuple.

S'il n'y a pas de chant, l'antienne proposée dans le Missel peut être dite soit par les fidèles, soit par quelques-uns d'entre eux, soit par un lecteur ou, à défaut, par le prêtre, après avoir lui-même communié et avant qu'il ne distribue la Communion aux fidèles.

[37] S. Cong. des Rites, Instr. *Eucharisticum Mysterium*, n. 31, 32 : DC (1967), n. 1496, p. 1108-1109 ; S. Cong. pour la Discipline des Sacrements, Instr. *Immensae caritatis*, du 29 janvier 1973, n. 2 : DC (1973), n. 1630, p. 359.

[38] *Cf.* S. Cong. pour les Sacrements et le Culte divin, Instr. *Inaestimabile donum*, du 3 avril 1980, n. 17 : DC (1980), n. 1789, p. 643.

88. Lorsque la distribution de la Communion est achevée, le prêtre et les fidèles, si cela est opportun, prient en silence pendant un certain temps. Si on le décide ainsi, toute l'assemblée pourra aussi exécuter une hymne, un psaume, ou un autre chant de louange.

89. Pour achever la prière du peuple de Dieu et conclure tout le rite de Communion, le prêtre dit la prière après la Communion, dans laquelle il demande les fruits du mystère célébré.

À la messe, on dit une seule prière après la Communion, qui se termine par la conclusion brève qui est :
– si elle s'adresse au Père : *Per Christum Dominum nostrum* (Par Jésus, le Christ, notre Seigneur) ;
– si elle s'adresse au Père, mais avec mention du Fils à la fin : *Qui vivit et regnat in saecula saeculorum* (Lui qui règne pour les siècles des siècles) ;
– si elle s'adresse au Fils : *Qui vivis et regnas in saecula saeculorum* (Toi qui règnes pour les siècles des siècles).

Le peuple fait sienne cette oraison par l'acclamation *Amen*.

D) RITES DE CONCLUSION

90. Relèvent des rites de conclusion :
a) De brèves annonces, si elles sont nécessaires.
b) La salutation et la bénédiction du prêtre qui, certains jours et à certaines occasions, est enrichie et développée par la prière sur l'assemblée ou une autre formule solennelle.
c) L'envoi du peuple par le diacre ou le prêtre afin que chacun retourne à ses bonnes œuvres en louant et bénissant le Seigneur.
d) Le baiser de l'autel par le prêtre et le diacre, suivi de l'inclination profonde vers l'autel par le prêtre, le diacre et les autres ministres.

Chapitre III

LES OFFICES
ET LES MINISTÈRES À LA MESSE

91. La célébration eucharistique est l'action du Christ et de l'Église qui est le peuple saint réuni et organisé sous l'autorité de l'évêque. C'est pourquoi elle concerne le corps tout entier de l'Église ; elle le manifeste et l'affecte ; en réalité, elle atteint chacun de ses membres, de façon variée, selon la diversité des ordres, des fonctions et de leur participation effective [1]. De cette manière, le peuple chrétien, « race élue, sacerdoce royal, nation sainte, peuple racheté », manifeste sa cohésion et son organisation hiérarchique [2]. C'est pourquoi tous, ministres ordonnés ou fidèles laïcs, en accomplissant leur fonction ou leur office, feront tout ce qui leur revient, et cela seulement [3].

I – LES OFFICES DE L'ORDRE SACRÉ

92. Toute célébration légitime de l'Eucharistie est dirigée par l'évêque, soit par lui-même, soit par les prêtres qui le secondent [4].

[1] *Cf. Const. lit.*, art. 26.
[2] *Cf. ibid.*, art. 14.
[3] *Cf. ibid.*, art. 28.
[4] *Cf.* Const. dogm. sur l'Église, *Lumen gentium*, art. 26 et 28 ; *Const. lit.*, art. 42.

Lorsque l'évêque est présent à la messe où le peuple est rassemblé, il convient au plus haut point que ce soit lui qui célèbre l'Eucharistie et qu'il s'associe les prêtres comme concélébrants dans l'action sacrée. Il ne s'agit pas ici de rehausser la solennité extérieure du rite, mais d'éclairer d'une lumière plus vive le mystère de l'Église, « sacrement de l'unité » [5].

Si l'évêque ne célèbre pas l'Eucharistie, mais charge un autre de le faire, il convient que, revêtu de l'aube et portant par-dessus la croix pectorale, l'étole et la chape, il préside la liturgie de la Parole, et qu'à la fin de la messe il donne la bénédiction [6].

93. Le prêtre, lui aussi, est dans l'Église investi, par le sacrement de l'Ordre, du pouvoir sacré d'offrir le sacrifice en la personne du Christ (*in persona Christi* [7]). En conséquence, il est à la tête du peuple fidèle ici rassemblé, il préside à sa prière, il lui annonce le message du salut, il s'associe le peuple dans l'offrande du sacrifice à Dieu le Père par le Christ dans l'Esprit Saint, il donne à ses frères le pain de la vie éternelle et y participe avec eux. Donc, lorsqu'il célèbre l'Eucharistie, il doit servir Dieu et le peuple avec dignité et humilité et, par sa manière de se comporter et de prononcer les paroles divines, suggérer aux fidèles une présence vivante du Christ.

94. Après le prêtre, le diacre, en vertu de l'ordination sacrée, occupe la première place parmi ceux qui exercent un ministère dans la célébration eucharistique. Depuis le temps mémorable des Apôtres, en effet, l'Ordre sacré du diaconat a été en grand honneur dans l'Église [8]. Dans la messe, le diacre a son rôle propre : il annonce l'Évangile et parfois il prêche la parole de

[5] *Cf. Const. lit.*, art. 26.

[6] *Cf. Cérémonial des évêques*, n. 175-186.

[7] *Cf.* Const. sur l'Église *Lumen gentium*, art. 28 ; Décret sur le ministère et la vie des prêtres, art. 2.

[8] *Cf.* Paul VI, Lettre apostolique *Sacrum diaconatus ordinem*, du 18 juin 1967 : DC (1967), n. 1498, p. 1279-1286 ; Pontifical romain, *L'Ordination de l'évêque, des prêtres, des diacres*, 1996, n. 173.

Dieu, il dit les intentions de la Prière universelle, il seconde le prêtre en préparant l'autel et en accomplissant son service dans la célébration du sacrifice, il distribue aux fidèles l'Eucharistie, surtout sous l'espèce du vin, et il indique parfois au peuple les gestes et attitudes à adopter.

II – LES FONCTIONS DU PEUPLE DE DIEU

95. Dans la célébration de la messe, les fidèles constituent le peuple saint, le peuple acquis par Dieu et le sacerdoce royal, pour rendre grâce à Dieu et pour offrir la victime sans tache : l'offrir non seulement par les mains du prêtre, mais l'offrir avec lui et apprendre à s'offrir eux-mêmes[9]. Ils s'efforceront donc de le manifester par un profond sens religieux et par leur charité envers les frères qui participent à la même célébration.

Ils éviteront donc toute espèce de particularisme ou de division ; ils se rappelleront toujours qu'ils ont un unique Père dans le ciel et que, pour cette raison, ils sont tous frères et sœurs les uns des autres.

96. Ils constitueront un seul corps que ce soit en écoutant la parole de Dieu ou en prenant part aux prières et au chant, ou bien surtout par l'oblation commune du sacrifice et la participation commune à la Table du Seigneur. Cette unité se manifeste avec beauté du fait que les fidèles ont les mêmes gestes et les mêmes attitudes.

97. Les fidèles ne refuseront pas de se mettre avec joie au service du peuple de Dieu, chaque fois qu'on leur demande

[9] *Const. lit.*, art. 48 ; S. Cong. des Rites, Instr. *Eucharisticum Mysterium*, n. 12 : DC (1967), n. 1496, p. 1100.

d'exercer un ministère ou une fonction particulière dans la célébration.

III – LES MINISTÈRES PARTICULIERS

Le ministère de l'acolyte et du lecteur institués

98. L'acolyte est institué pour servir à l'autel et pour aider le prêtre et le diacre. C'est à lui principalement qu'il revient de préparer l'autel et les vases sacrés et, si cela est nécessaire, de distribuer aux fidèles l'Eucharistie dont il est le ministre extraordinaire [10].

Dans le service de l'autel, l'acolyte a son propre rôle (*cf.* n. 187-193) qu'il doit accomplir lui-même.

99. Le lecteur est institué pour proclamer les lectures de l'Écriture sainte, excepté l'Évangile. Il peut aussi proposer les intentions de la Prière universelle et, en l'absence d'un psalmiste, dire le psaume entre les lectures.

Dans la célébration eucharistique, le lecteur a sa fonction propre (*cf.* n. 194-198), qu'il doit exercer par lui-même.

Les autres fonctions

100. À défaut d'acolyte institué, des ministres laïcs peuvent être choisis pour le service de l'autel et pour aider le prêtre et le diacre ; ils portent la croix, les cierges, l'encensoir, le pain, le vin

[10] *Cf. Code de droit canonique*, can. 910, § 2 ; Instruction interdicastérielle sur certaines questions au sujet de la coopération des fidèles laïcs au ministère des prêtres, art. 9 : DC (1997), n. 2171, p. 1017.

et l'eau. Ils peuvent même être délégués pour distribuer la Communion comme ministres extraordinaires [11].

101. À défaut de lecteur institué, d'autres laïcs seront appelés pour proclamer les lectures de la sainte Écriture, à condition qu'ils soient vraiment aptes et soigneusement préparés à accomplir cette fonction, pour que, à l'écoute des lectures divines, les fidèles, dans leur cœur, éprouvent du goût et un vif amour pour la sainte Écriture [12].

102. Il revient au psalmiste de dire le psaume ou un autre cantique biblique placé entre les lectures. Pour bien remplir sa fonction, il est nécessaire que le psalmiste excelle dans l'art de la psalmodie, possède une bonne prononciation et une bonne diction.

103. Parmi les fidèles, la schola ou la chorale exerce sa fonction liturgique propre ; il lui appartient d'assurer les parties qui lui reviennent en les exécutant comme il se doit, selon les divers genres de chant, et de favoriser la participation active des fidèles par le chant [13]. Ce qui est dit ici de la chorale s'applique, de manière analogue, pour les autres musiciens, et surtout pour l'organiste.

104. Il convient d'avoir un chantre ou un maître de chœur pour guider et soutenir le chant du peuple. Surtout, en l'absence de chorale, il appartient au chantre de mener les divers chants, le peuple continuant à participer selon le rôle qui est le sien [14].

[11] *Cf.* S. Cong. pour la Discipline des Sacrements, Instr. *Immensae caritatis*, n. 1 : DC (1973), n. 1630, p. 358 ; *Code de droit canonique*, can. 230, § 3.

[12] *Const. lit.*, art. 24.

[13] *Cf.* S. Cong. des Rites, Instr. *Musicam sacram*, n. 19.

[14] *Cf. ibid.*, n. 21.

105. D'autres encore exercent une fonction liturgique :

a) Le sacristain, qui dispose avec soin les livres liturgiques, les vêtements liturgiques et tout ce qui est nécessaire à la célébration de la messe.

b) Le commentateur, qui propose brièvement aux fidèles, si cela est opportun, des explications et des monitions pour les introduire dans la célébration et mieux les disposer à la comprendre. Il faut que les monitions du commentateur aient été préparées avec grand soin et soient claires dans leur sobriété. Pour accomplir sa fonction, le commentateur se tient dans un endroit approprié, face aux fidèles, mais jamais à l'ambon.

c) Ceux qui font les collectes dans l'église.

d) Ceux qui, dans certaines régions, accueillent les fidèles aux portes de l'église, les guident aux places qui leur conviennent et organisent les processions.

106. Il est bon, au moins dans les églises cathédrales et autres églises importantes, qu'il y ait un ministre compétent ou cérémoniaire pour veiller à ce que les actions liturgiques soient bien organisées et accomplies par les ministres sacrés et les fidèles laïcs avec beauté, ordre et piété.

107. Les fonctions liturgiques qui ne sont pas réservées au prêtre ou au diacre et dont il est question ci-dessus (n. 100-106) peuvent aussi être confiées, par une bénédiction liturgique ou une délégation temporaire, à des laïcs idoines, choisis par le curé ou le recteur de l'église[15]. Pour ce qui est de la fonction de servir le prêtre à l'autel, on observera les normes établies par l'évêque pour son diocèse.

[15] *Cf.* Conseil pontifical pour l'interprétation des textes législatifs, réponse à un doute sur le canon 230, § 2 : *AAS* 86 (1994), p. 541.

IV – RÉPARTITION DES FONCTIONS ET PRÉPARATION DE LA CÉLÉBRATION

108. Un seul et même prêtre doit toujours exercer la fonction présidentielle dans toutes ses composantes, excepté ce qui est propre à la messe où l'évêque est présent (*cf.* ci-dessus n. 92).

109. Si plusieurs personnes capables d'exercer un même ministère sont présentes, rien ne leur interdit de se partager entre elles et d'accomplir les diverses parties du même ministère ou du même office. Par exemple, un diacre peut être chargé de ce qui est à chanter et un autre du service de l'autel ; s'il y a plusieurs lectures, on les distribuera volontiers entre plusieurs lecteurs, et ainsi de suite. Mais il ne convient pas du tout que plusieurs se divisent entre eux un même élément de la célébration : par exemple, la même lecture lue par deux, l'un après l'autre, sauf s'il s'agit de la passion du Seigneur.

110. Si, à la messe avec peuple, il n'y a qu'un seul ministre, celui-ci peut exercer diverses fonctions.

111. La préparation pratique de chaque célébration liturgique doit se faire dans l'harmonie et avec soin, selon le Missel et les autres livres liturgiques, entre ceux que cela concerne, soit quant aux rites, soit quant à la pastorale et à la musique, sous la direction du recteur de l'église et aussi en écoutant les avis des fidèles pour ce qui les concerne directement. Quant au prêtre qui préside la célébration, demeure toujours pour lui le droit de décider au sujet de ce qui lui incombe [16].

[16] *Cf. Const. lit.*, art. 22.

Chapitre IV

LES DIVERSES FORMES DE CÉLÉBRATION DE LA MESSE

112. Dans l'Église locale, on accordera évidemment le premier rang, en raison de ce qu'elle signifie, à la messe présidée par l'évêque entouré de son presbyterium, des diacres et des ministres laïcs [1] et à laquelle le saint peuple de Dieu participe de façon plénière et active. Car c'est alors la principale manifestation de l'Église.

À la messe que l'évêque célèbre ou à laquelle il préside sans célébrer l'Eucharistie, on observera les normes que l'on trouvera dans le *Cérémonial des évêques* [2].

113. On doit aussi estimer grandement la messe célébrée avec une communauté, surtout paroissiale, en tant que cette communauté représente l'Église universelle, à un moment et dans un lieu déterminés ; et cela vaut surtout pour la célébration communautaire du dimanche [3].

[1] *Cf. ibid.*, n. 41.

[2] *Cf. Cérémonial des évêques*, n. 119-186.

[3] *Cf. Const. lit.*, art. 42 ; Const. dogm. sur l'Église, *Lumen gentium*, art. 28 ; Décret sur le ministère et la vie des prêtres, art. 5 ; S. Cong. des Rites, Instr. *Eucharisticum Mysterium*, n. 26 : DC (1967), n. 1496, p. 1106.

114. Parmi les messes célébrées par certaines communautés, une place particulière revient à la messe conventuelle comme faisant partie de l'Office quotidien ou à la messe dite « de communauté ». Et bien que ces messes ne comportent aucune forme spéciale de célébration, il convient tout particulièrement qu'elles soient avec chant et surtout que tous les membres de la communauté y participent pleinement, qu'il s'agisse de religieux ou de chanoines. Dans ces messes, en effet, chacun exerce sa fonction selon l'Ordre ou le ministère qu'il a reçu. Il est bien que tous les prêtres qui ne sont pas tenus de célébrer individuellement dans l'intérêt des fidèles y concélèbrent dans la mesure du possible. En outre, tous les prêtres de la communauté tenus de célébrer individuellement pour le bien pastoral des fidèles peuvent concélébrer, le même jour, la messe conventuelle ou « de communauté » [4]. Il importe, en effet, que les prêtres qui sont présents à une célébration eucharistique exercent d'ordinaire la fonction de leur Ordre propre, sauf si une juste cause les en excuse, et par conséquent qu'ils y participent comme concélébrants revêtus des vêtements liturgiques. Sinon, ils porteront leur propre habit de chœur ou le surplis sur la soutane.

I – LA MESSE AVEC PEUPLE

115. On entend par « messe avec peuple » celle qui se célèbre avec la participation des fidèles. Aussi, il est bon que, dans la mesure du possible, surtout les dimanches et aux fêtes de précepte, la célébration soit chantée et réunisse un nombre convenable de ministres [5] ; cependant, elle peut aussi se faire sans que l'on chante et avec un seul ministre.

[4] *Cf.* S. Cong. des Rites, Instr. *Eucharisticum Mysterium*, n. 47 : DC (1967), n. 1496, p. 1115.

[5] *Cf. ibid.*, n. 59 ; S. Cong. des Rites, Instr. *Musicam sacram*, n. 16, 27.

116. Quelle que soit la messe célébrée, s'il y a un diacre, il exercera sa fonction. Habituellement, il est bon aussi qu'il y ait auprès du prêtre célébrant un acolyte, un lecteur et un chantre. Mais le rite qu'on va décrire ci-dessous prévoit la possibilité d'avoir un plus grand nombre de ministres.

La préparation

117. L'autel sera couvert d'au moins une nappe de couleur blanche. Sur l'autel ou alentour, on mettra des chandeliers avec des cierges allumés : au moins deux pour toute célébration, ou même quatre, ou six, surtout s'il s'agit de la messe dominicale ou d'une fête de précepte ou encore sept si c'est l'évêque du diocèse qui célèbre. Il y aura aussi sur l'autel ou à proximité une croix avec l'effigie du Christ crucifié. Les chandeliers et la croix avec l'effigie du Christ crucifié pourront être portés dans la procession d'entrée. Sur l'autel même, on pourra mettre, à moins qu'on ne le porte dans la procession d'entrée, l'Évangéliaire, distinct du livre des autres lectures.

118. On préparera aussi :

a) Près du siège du prêtre : le Missel et, si cela est opportun, le livret des chants.
b) À l'ambon : le Lectionnaire.
c) Sur la crédence : le calice, le corporal, le purificatoire et, si cela est opportun, la pale ; la patène et, si c'est nécessaire, des ciboires ; le pain destiné à la Communion du prêtre qui préside, du diacre, des ministres et du peuple ; les burettes avec le vin et l'eau, sauf si tout cela est apporté en procession par les fidèles à l'offertoire ; le vase d'eau à bénir, si l'on fait l'aspersion ; le plateau pour la Communion des fidèles ; enfin, ce qu'il faut pour se laver les mains.

Il est très souhaitable de recouvrir le calice d'un voile qui peut être de la couleur du jour ou de couleur blanche.

119. Dans la sacristie, selon les diverses formes de célébration, on préparera les vêtements liturgiques du prêtre (*cf.* n. 337-341), du diacre et des autres ministres :

a) Pour le prêtre : l'aube, l'étole et la chasuble.
b) Pour le diacre : l'aube, l'étole et la dalmatique ; mais celle-ci peut être omise par nécessité, ou pour un degré moindre de solennité.
c) Pour les autres ministres : des aubes ou les autres vêtements légitimement approuvés [6].

Tous ceux qui revêtent l'aube utiliseront le cordon et l'amict, à moins que la forme même de l'aube ne l'exige pas.

Si l'entrée se fait en procession, on préparera aussi l'Évangéliaire ; l'encensoir et la navette d'encens les dimanches et jours de fête, si on emploie l'encens ; la croix qui sera portée en procession, les chandeliers avec des cierges allumés.

A) LA MESSE SANS DIACRE

Rites initiaux

120. Lorsque le peuple est rassemblé, le prêtre et les ministres, portant les vêtements liturgiques, s'avancent vers l'autel, dans l'ordre suivant :

a) Le thuriféraire avec l'encensoir fumant, si l'on emploie l'encens.
b) Les ministres qui portent les cierges allumés et, au milieu d'eux, l'acolyte ou un autre ministre avec la croix.
c) Les acolytes et les autres ministres.
d) Le lecteur, qui peut porter l'Évangéliaire en l'élevant un peu, mais non le Lectionnaire.
e) Le prêtre qui va célébrer la messe.

[6] *Cf.* Instruction interdicastérielle sur certaines questions au sujet de la coopération des fidèles laïcs au ministère des prêtres, art. 6 : DC (1997), n. 2171, p. 1016.

Si on emploie l'encens, le prêtre en met dans l'encensoir avant le départ de la procession et le bénit d'un signe de croix sans rien dire.

121. Pendant la procession vers l'autel, on exécute le chant d'entrée (*cf.* n. 47-48).

122. Lorsqu'ils sont parvenus à l'autel, le prêtre et les ministres font une inclination profonde.

La croix avec l'effigie du Christ crucifié, si elle a été portée en procession, peut être dressée pour devenir la croix de l'autel, qui doit être unique, ou sinon posée dans un autre endroit convenable. Les chandeliers sont placés sur ou près de l'autel ; quant à l'Évangéliaire, il est très souhaitable qu'il soit déposé sur l'autel.

123. Le prêtre monte à l'autel et le vénère par un baiser. Ensuite, si cela est opportun, il encense la croix et l'autel, en en faisant le tour.

124. Cela fait, le prêtre gagne son siège. Quand le chant d'entrée est achevé, tous, prêtre et fidèles, debout, font le signe de la croix. Le prêtre dit : *In nomine Patris, et Filii, et Spiritus Sancti* (Au nom du Père, et du Fils, et du Saint-Esprit). Le peuple répond : *Amen.*

Puis, tourné vers le peuple et étendant les mains, le prêtre le salue avec l'une des formules proposées. Lui-même ou un autre ministre peut aussi introduire les fidèles à la messe du jour par quelques mots très brefs.

125. Vient ensuite l'acte pénitentiel. Puis on chante ou on dit le *Kyrie*, selon les rubriques (*cf.* n. 52).

126. Aux célébrations où cela est prescrit, on chante ou on dit le *Gloria* (*cf.* n. 53).

127. Ensuite, le prêtre invite le peuple à la prière. Les mains jointes, il dit : *Oremus* (Prions ensemble). Et tous, avec lui, prient en silence pendant un instant. Alors le prêtre, les mains étendues, dit la prière d'ouverture (Collecte) à la fin de laquelle le peuple dit l'acclamation *Amen*.

Liturgie de la Parole

128. La prière d'ouverture (Collecte) achevée, tous s'assoient. Le prêtre peut, en quelques mots très brefs, introduire les fidèles à la liturgie de la Parole. Le lecteur se rend à l'ambon où le Lectionnaire est déjà en place avant la messe, et il y proclame la première lecture que tous écoutent. À la fin, le lecteur dit l'acclamation : *Verbum Domini* (Parole du Seigneur) et tous répondent : *Deo gratias* (Nous rendons grâce à Dieu).

On peut alors, si cela est opportun, observer un bref moment de silence pour que tous méditent ce qu'ils ont entendu.

129. Ensuite le psalmiste ou le lecteur lui-même dit le psaume, auquel le peuple répond habituellement par un refrain (*cf.* n. 61).

130. S'il y a une deuxième lecture avant l'Évangile, le lecteur la proclame à l'ambon ; tous l'écoutent et, à la fin, répondent par l'acclamation comme indiqué ci-dessus (n. 128). Puis, si cela est opportun, on peut observer un bref moment de silence.

131. Ensuite tous se lèvent et on chante l'*Alléluia* ou un autre chant, selon les exigences du temps liturgique (*cf.* n. 62-64).

132. Pendant qu'on chante l'*Alléluia* ou un autre chant, le prêtre met l'encens, si on l'emploie à cette messe, et le bénit. Puis, les mains jointes, et profondément incliné devant l'autel, il dit à voix basse : *Munda cor meum* (Purifie mon cœur).

133. Alors, si l'Évangéliaire est sur l'autel, il le prend et, précédé par les ministres laïcs qui peuvent tenir l'encensoir et les cierges, il se rend à l'ambon, en portant l'Évangéliaire un peu élevé. Tous se tiennent debout, tournés vers l'ambon, manifestant ainsi le respect particulier dû à l'Évangile du Christ.

134. À l'ambon, le prêtre ouvre le livre et, les mains jointes, dit : *Dominus vobiscum* (Le Seigneur soit avec vous). Le peuple répond : *Et cum spiritu tuo* (Et avec votre esprit). Le prêtre annonce ensuite : *Lectio sancti Evangelii* (Évangile de Jésus Christ selon N.), en faisant le signe de la croix avec le pouce sur le livre, puis sur lui-même au front, à la bouche et à la poitrine. Tous se signent de la même manière. Le peuple acclame : *Gloria tibi, Domine* (Gloire à toi, Seigneur). Si l'on emploie l'encens, le prêtre encense le livre (*cf.* n. 276-277). Puis il proclame l'Évangile. À la fin, il ajoute : *Verbum Domini* (Acclamons la parole de Dieu) et le peuple acclame : *Laus tibi, Christe* (Louange à toi, Seigneur Jésus !). Le prêtre baise le livre en disant à voix basse : *Per evangelica dicta* (Que cet Évangile efface nos péchés).

135. S'il n'y a pas de lecteur, le prêtre proclame lui-même toutes les lectures et le psaume, debout à l'ambon. C'est au même endroit qu'il met l'encens, si on l'emploie, qu'il le bénit et que, profondément incliné, il dit : *Munda cor meum* (Purifie mon cœur).

136. Le prêtre, debout à son siège ou à l'ambon ou, si cela est opportun, à un autre endroit approprié, fait l'homélie, à la fin de laquelle on peut observer un moment de silence.

137. Le Symbole est chanté ou récité par le prêtre avec le peuple, tous se tenant debout (*cf.* n. 68). Aux mots : *Et incarnatus est* (Par l'Esprit Saint, il a pris chair) etc., tous s'inclinent profondément ; et, aux solennités de l'Annonciation et de Noël, tous font la génuflexion.

138. Après le Symbole, le prêtre, debout à son siège et les mains jointes, invite les fidèles à la Prière universelle par une brève monition. Puis le chantre, ou un lecteur ou quelqu'un d'autre, tourné vers le peuple, dit les intentions de l'ambon ou d'un autre endroit qui convient et, de son côté, le peuple participe à la supplication par sa réponse. Enfin le prêtre, les mains étendues, dit la prière de conclusion.

Liturgie eucharistique

139. Lorsque la Prière universelle est achevée, tous s'assoient et on commence le chant d'offertoire (*cf.* n. 74). L'acolyte ou un autre ministre laïc met sur l'autel le corporal, le purificatoire, le calice, la pale et le missel.

140. Il est bien que la participation des fidèles se manifeste par l'offrande du pain et du vin pour la célébration de l'Eucharistie, comme par d'autres dons destinés à subvenir aux besoins de l'Église et des pauvres.

Les offrandes des fidèles sont reçues par le prêtre, avec l'aide de l'acolyte ou d'un autre ministre. Le pain et le vin pour l'Eucharistie sont présentés au prêtre célébrant qui les dépose sur l'autel ; les autres dons sont placés à un autre endroit approprié (*cf.* n. 73).

141. Le prêtre, à l'autel, reçoit la patène avec le pain et il la tient des deux mains un peu élevée au-dessus de l'autel, en disant à voix basse : *Benedictus es, Domine* (Tu es béni). Ensuite, il dépose la patène avec le pain sur le corporal.

142. Puis, se tenant sur le côté de l'autel, le prêtre verse dans le calice le vin et un peu d'eau qu'un ministre lui présente dans les burettes et il dit à voix basse : *Per huius aquae* (Comme cette eau). Revenu au milieu de l'autel, il élève un peu le calice qu'il tient des deux mains, en disant à voix basse : *Benedictus es, Domine* (Tu es béni). Puis il dépose le calice sur l'autel et, si cela est opportun, le couvre de la pale.

S'il n'y a pas de chant d'offertoire ou si l'on ne joue pas de l'orgue, le prêtre peut, en présentant le pain et le vin, dire à haute voix les formules de bénédiction et chaque fois le peuple répond : *Benedictus Deus in saecula* (Béni soit Dieu).

143. Après avoir déposé le calice sur l'autel, le prêtre, profondément incliné, dit à voix basse : *In spiritu humilitatis* (Humbles et pauvres).

144. Ensuite, si on emploie l'encens, le prêtre en met dans l'encensoir, le bénit sans rien dire et encense les offrandes, la croix et l'autel. C'est le ministre qui, en se tenant sur le côté de l'autel, encense le prêtre, puis le peuple.

145. Après la prière *In spiritu humilitatis* (Humbles et pauvres) ou après l'encensement, le prêtre, debout sur le côté de l'autel, se lave les mains, en disant à voix basse : *Lava me, Domine* (Lave-moi de mes fautes) tandis que le ministre verse l'eau.

146. Revenu ensuite au milieu de l'autel, le prêtre, en se tournant vers le peuple et en étendant puis en joignant les mains, invite le peuple à la prière en disant : *Orate, fratres* (Prions ensemble). Le peuple se lève et répond : *Suscipiat Dominus* (Pour la gloire de Dieu). Ensuite, le prêtre, les mains étendues, dit la prière sur les offrandes. À la fin, le peuple répond : *Amen.*

147. Le prêtre commence alors la Prière eucharistique. Il choisit, selon les rubriques, l'une de celles qui se trouvent dans le Missel romain ou qui ont été approuvées par le Siège apostolique. La Prière eucharistique exige, de par sa nature, que seul le prêtre la prononce, en vertu de son ordination. Le peuple s'associe au prêtre dans la foi et en silence, ainsi que par les interventions prévues au cours de la prière : les réponses au dialogue de la Préface, le *Sanctus*, l'acclamation après la consécration, l'acclamation *Amen* après la doxologie finale, ainsi que les autres acclamations approuvées par la Conférence des évêques et reconnues par le Saint-Siège.

Il convient tout à fait que le prêtre chante les parties de la Prière eucharistique mises en musique.

148. Le prêtre commence la Prière eucharistique en étendant les mains. Il chante ou dit : *Dominus vobiscum* (Le Seigneur soit avec vous) et le peuple répond : *Et cum spiritu tuo* (Et avec votre esprit). Il reprend en élevant les mains : *Sursum corda* (Élevons notre cœur). Le peuple répond : *Habemus ad Dominum* (Nous le tournons vers le Seigneur). Puis le prêtre ajoute, les mains étendues : *Gratias agamus Domino Deo nostro* (Rendons grâce au Seigneur notre Dieu) et le peuple répond : *Dignum et iustum est* (Cela est juste et bon). Alors le prêtre, les mains étendues, poursuit la Préface. Lorsqu'elle est finie, les mains jointes, avec toute l'assistance, il chante ou il dit à voix haute : *Sanctus* (Saint !) (*cf.* n. 79b).

149. Le prêtre continue la Prière eucharistique, selon les rubriques qui se trouvent dans chacune de ces prières.

Si le célébrant est évêque, après les mots : *Papa nostro N.* (après la mention du pape), il dit dans les prières : *et me indigno famulo tuo* (pour moi-même, ton humble serviteur).

De même, si l'évêque célèbre hors de son diocèse, après les mots : *Papa nostro N.* (après la mention du pape), il ajoute : *et me indigno famulo tuo, et fratre meo N., Episcopo huius Ecclesiae N.* (pour moi-même, ton humble serviteur, pour mon frère N., évêque de cette Église de N.).

On doit nommer l'évêque diocésain ou celui qui lui est équiparé en droit en disant cette formule : *una cum famulo tuo Papa nostro N. et Episcopo* (ou *Vicario, Praelato, Praefecto, Abbate) nostro N.* (pour notre évêque ou vicaire apostolique ou prélat ou préfet apostolique ou abbé N.).

Dans la Prière eucharistique, on peut aussi nommer les évêques coadjuteurs et auxiliaires, mais non les autres évêques qui seraient présents. Quand il y en a plusieurs à nommer, on emploie une formule générale : *et Episcopo nostro N. eiusque Episcopis adiutoribus* (pour notre évêque N. et les évêques qui collaborent avec lui).

Dans chaque Prière eucharistique on adaptera les formules pour respecter les normes grammaticales.

150. Un peu avant la consécration, un ministre, si cela est opportun, avertit les fidèles avec la clochette. Puis, il sonne également la clochette à chaque élévation du pain et du vin, conformément aux usages de chaque lieu. Si l'on emploie l'encens, quand le prêtre montre l'hostie et le calice au peuple après la consécration, un ministre les encense.

151. Après la consécration, le prêtre dit : *Mysterium fidei* (Il est grand, le mystère de la foi), et le peuple poursuit par l'acclamation correspondante, selon l'une des formules prescrites.

À la fin de la Prière eucharistique, le prêtre prend la patène avec l'hostie et le calice et les élève, en disant seul la doxologie : *Per ipsum* (Par lui). Le peuple acclame : *Amen*. Ensuite, le prêtre dépose la patène et le calice sur le corporal.

152. Lorsque est achevée la Prière eucharistique, le prêtre, les mains jointes, dit la monition qui précède l'oraison dominicale, puis il poursuit avec le peuple, les mains étendues.

153. Lorsque l'oraison dominicale est terminée, les mains étendues, le prêtre dit seul l'embolisme *Libera nos* (Délivre-nous) et à la fin le peuple acclame : *Quia tuum est regnum* (Car c'est à toi qu'appartiennent).

154. Ensuite le prêtre, les mains étendues, dit à haute voix la prière : *Domine Iesu Christe, qui dixisti* (Seigneur Jésus Christ, tu as dit à tes Apôtres). Lorsqu'elle est finie, il étend puis joint les mains et il dit, tourné vers le peuple : *Pax Domini sit semper vobiscum* (Que la paix du Seigneur soit toujours avec vous). Le peuple répond : *Et cum spiritu tuo* (Et avec votre esprit). Ensuite, si cela est opportun, le prêtre ajoute : *Offerte vobis pacem* (Frères, dans la charité du Christ, donnez-vous la paix).

Le prêtre peut donner la paix aux ministres, en restant cependant toujours dans le sanctuaire, pour ne pas troubler la célébration. Il fera de même s'il veut donner la paix, pour une juste cause, à quelques fidèles. Tous se manifestent la paix, la communion et la charité mutuelle selon la manière établie par la Conférence des évêques. En se donnant la paix, on peut dire : *Pax Domini sit semper tecum* (Que la paix du Seigneur soit toujours avec vous), à quoi on répond : *Amen.*

155. Après cela, le prêtre prend l'hostie, la rompt au-dessus de la patène et en met une parcelle dans le calice en disant à voix basse : *Haec commixtio* (Que le Corps et le Sang). Pendant ce temps, le chœur et le peuple chantent ou disent : *Agnus Dei* (Agneau de Dieu) (*cf.* n. 83).

156. Alors le prêtre dit, à voix basse et les mains jointes, la prière pour la Communion : *Domine Iesu Christe, Filii Dei vivi* (Seigneur Jésus Christ, Fils du Dieu vivant) ou *Perceptio Corporis et Sanguinis* (Seigneur Jésus Christ, que cette Communion).

157. Cette prière terminée, le prêtre fait la génuflexion, prend l'hostie consacrée à cette même messe et, la tenant un peu élevée au-dessus de la patène ou du calice, tourné vers le peuple, il dit : *Ecce Agnus Dei* (Voici l'Agneau de Dieu) et il ajoute avec le peuple : *Domine, non sum dignus* (Seigneur, je ne suis pas digne).

158. Ensuite, en se tournant vers l'autel, le prêtre dit à voix basse : *Corpus Christi custodiat me in vitam aeternam* (Que le Corps du Christ me garde pour la vie éternelle) et il consomme avec respect le Corps du Christ. Puis il prend le calice, dit à voix basse : *Sanguis Christi custodiat me in vitam aeternam* (Que le Sang du Christ me garde pour la vie éternelle) et boit avec respect le Sang du Christ.

159. Pendant que le prêtre consomme le Sacrement, on commence le chant de Communion (*cf.* n. 86).

160. Le prêtre prend alors la patène ou le ciboire et s'approche des communiants qui ordinairement s'avancent en procession.

Il n'est pas permis aux fidèles de prendre eux-mêmes le pain consacré ou le calice, encore moins de se le transmettre de main en main. Les fidèles communient à genoux ou debout, selon ce qu'aura établi la Conférence des évêques. Quand ils communient debout, il leur est recommandé, avant de recevoir le Sacrement, de faire un geste de vénération approprié, que la Conférence des évêques aura établi.

161. Si la Communion est donnée seulement sous l'espèce du pain, le prêtre montre à chacun l'hostie en l'élevant légèrement et dit : *Corpus Christi* (Le Corps du Christ). Le communiant répond : *Amen* et reçoit le Sacrement dans la bouche ou bien, là où cela est autorisé, dans la main, selon son choix. Celui qui reçoit la sainte hostie pour communier la consomme aussitôt et intégralement.

Si la Communion est donnée sous les deux espèces, on observera le rite décrit en son lieu (*cf.* n. 284-287).

162. Pour distribuer la Communion, le prêtre peut se faire aider par d'autres prêtres qui seraient là. S'il n'y en a pas et que le nombre des communiants est vraiment élevé, le prêtre peut faire appel pour l'aider à des ministres extraordinaires, c'est-à-dire à un acolyte institué ou même à d'autres fidèles qui sont députés pour accomplir ce rite [7]. En cas de nécessité, le prêtre peut, pour l'occasion, députer des fidèles capables [8].

[7] *Cf.* S. Cong. pour les Sacrements et le Culte divin, Instr. *Inaestimabile donum*, n. 10 : DC (1980), n. 1789, p. 642 ; Instruction interdicastérielle sur certaines questions au sujet de la coopération des fidèles laïcs au ministère des prêtres, art. 8 : DC (1997), n. 2171, p. 1016-1017.

[8] *Cf. Missel romain* : Rite pour déléguer, occasionnellement, un ministre pour distribuer la Communion, p. 446.

Ces ministres ne doivent pas avancer vers l'autel avant que le prêtre ait communié. Ils recevront toujours de sa main les saintes espèces eucharistiques à distribuer aux fidèles.

163. Lorsque la distribution de la Communion est achevée, le prêtre consomme lui-même aussitôt à l'autel le vin consacré qui pourrait rester ; quant aux hosties consacrées qui restent, ou il les consomme à l'autel, ou il les porte au lieu destiné à conserver l'Eucharistie.

Revenu à l'autel, le prêtre recueille les fragments, s'il y en a ; puis, se tenant à l'autel ou à la crédence, il purifie la patène ou le ciboire au-dessus du calice ; ensuite, disant à voix basse : *Quod ore sumpsimus* (Puissions-nous accueillir d'un cœur pur), il purifie le calice et l'essuie avec le purificatoire. Si les vases purifiés sont à l'autel, le ministre les porte à la crédence. Mais il est permis de laisser les vases à purifier, surtout s'ils sont nombreux, après les avoir recouverts comme il faut, à l'autel ou à la crédence, sur le corporal, et de les purifier aussitôt après la messe, une fois le peuple renvoyé.

164. Après cela, le prêtre peut revenir au siège. On peut observer, pendant un certain temps, un silence sacré ou bien chanter un psaume, un cantique de louange ou une hymne (*cf.* n. 88).

165. Ensuite, debout au siège ou à l'autel, le prêtre tourné vers le peuple dit, les mains jointes : *Oremus* (Prions), puis il prononce, les mains étendues, la prière après la Communion, que peut précéder un bref moment de silence, à moins qu'on n'ait déjà gardé le silence aussitôt après la Communion. À la fin de la prière, le peuple répond : *Amen.*

Rite de conclusion

166. Une fois achevée la prière après la Communion, on fera, si c'est utile, de brèves annonces au peuple.

167. Ensuite le prêtre, étendant les mains, salue le peuple en disant : *Dominus vobiscum* (Le Seigneur soit avec vous) et le peuple lui répond : *Et cum spiritu tuo* (Et avec votre esprit). Joignant de nouveau les mains et, aussitôt, posant la main gauche sur la poitrine et élevant la main droite, le prêtre ajoute : *Benedicat vos omnipotens Deus* (Que Dieu tout-puissant vous bénisse) et, faisant le signe de croix sur le peuple, il continue : *Pater, et Filius, et Spiritus Sanctus* (Le Père, le Fils et le Saint-Esprit). Tous répondent : *Amen.*

Certains jours et en certaines occasions, selon les rubriques, cette bénédiction comprend une prière sur le peuple ou une autre formule plus solennelle[9].

L'évêque bénit le peuple en prenant la formule qui convient et en faisant trois fois le signe de croix sur le peuple.

168. Aussitôt après la bénédiction, le prêtre, les mains jointes, ajoute : *Ite, missa est* (Allez, dans la paix du Christ) et tous répondent : *Deo gratias* (Nous rendons grâce à Dieu).

169. Habituellement le prêtre vénère alors l'autel par un baiser et, après l'avoir salué par une inclination profonde avec les ministres laïcs, il se retire avec eux.

170. Si la messe est suivie d'une autre action liturgique, on omet le rite de conclusion, c'est-à-dire la salutation, la bénédiction et l'envoi.

B) LA MESSE AVEC DIACRE

171. Quand un diacre est présent à une célébration eucharistique, il exerce son ministère revêtu des vêtements liturgiques :

a) Il assiste le prêtre et marche à son côté.

[9] *Cf. Cérémonial des évêques*, n. 1118-1121.

b) À l'autel, il fait le service soit du calice, soit du livre.
c) Il proclame l'Évangile et peut, à la demande du prêtre célébrant, faire l'homélie (*cf.* n. 66).
d) Il dirige le peuple fidèle par des monitions appropriées et il dit les intentions de la Prière universelle.
e) Il aide le prêtre célébrant à distribuer la Communion, il purifie et range les vases sacrés.
f) En cas de nécessité, il accomplit les fonctions des autres ministres, si aucun d'eux n'est présent.

Rites initiaux

172. S'il porte en procession l'Évangéliaire un peu élevé, le diacre marche devant le prêtre qui se rend à l'autel ; sinon, il s'avance à côté de lui.

173. Lorsqu'il y est parvenu, le diacre monte à l'autel en omettant l'inclination s'il porte l'Évangéliaire. Puis, comme cela est souhaitable, il dépose l'Évangéliaire sur l'autel et vénère celui-ci d'un baiser en même temps que le prêtre.

S'il ne porte pas l'Évangéliaire, il fait avec le prêtre une inclination profonde à l'autel de la manière habituelle et, avec lui, il vénère l'autel d'un baiser.

Enfin, si on emploie l'encens, il assiste le prêtre pour l'imposer et pour encenser la croix et l'autel.

174. Une fois l'autel encensé, il gagne le siège avec le prêtre, il y demeure à côté de lui et lui rend les services nécessaires.

Liturgie de la Parole

175. Pendant qu'on chante l'*Alléluia* ou une autre acclamation, si on emploie l'encens, le diacre sert le prêtre pour l'imposition ; puis, profondément incliné devant le prêtre, il demande sa bénédiction, en disant à mi-voix : *Iube, domne, benedicere* (Père, bénissez-moi). Le prêtre le bénit en disant : *Dominus sit in corde tuo* (Que le Seigneur soit dans ton cœur). Le diacre fait sur lui-même le signe de la croix et répond : *Amen.* Ensuite, après une inclination à l'autel, il prend l'Évangéliaire qui y a été déposé et il se rend à l'ambon en portant le livre un peu élevé, précédé par le thuriféraire avec l'encensoir fumant et les ministres avec les cierges allumés. Là, il salue le peuple en disant, les mains jointes : *Dominus vobiscum* (Le Seigneur soit avec vous). Puis quand il dit : *Lectio sancti Evangelii* (Évangile de Jésus Christ), il signe du pouce le livre, puis se signe lui-même au front, à la bouche et à la poitrine, il encense le livre et proclame l'Évangile. Celui-ci terminé, il dit : *Verbum Domini* (Acclamons la Parole de Dieu) et tous répondent : *Laus tibi, Christe* (Louange à toi, Seigneur Jésus). Il vénère alors le livre par un baiser en disant à voix basse : *Per evangelica dicta* (Que cet Évangile efface) et revient auprès du prêtre.

Quand le diacre assiste l'évêque, il lui porte le livre à baiser ou il baise lui-même le livre, en disant à voix basse : *Per evangelica dicta* (Que cet Évangile efface). Dans les célébrations solennelles, si cela est opportun, l'évêque bénit le peuple avec l'Évangéliaire.

Enfin, le diacre peut porter l'Évangéliaire à la crédence ou à un autre endroit digne et convenable.

176. S'il n'y a pas d'autre lecteur idoine, le diacre fera aussi les autres lectures.

177. Après l'introduction du prêtre, le diacre dit lui-même les intentions de la Prière universelle, habituellement de l'ambon.

Liturgie eucharistique

178. Après la Prière universelle, tandis que le prêtre reste à son siège, le diacre prépare l'autel, aidé par l'acolyte ; cependant, c'est lui qui prend soin des vases sacrés. Il assiste aussi le prêtre pour recevoir les dons du peuple. Puis il remet au prêtre la patène avec le pain à consacrer ; il verse le vin et un peu d'eau dans le calice, en disant à voix basse : *Per huius aquae* (Comme cette eau), et il présente ensuite le calice au prêtre. Il peut faire cette préparation du calice à la crédence.

Si on emploie l'encens, il sert le prêtre pour encenser les dons, la croix et l'autel. Ensuite lui-même ou un acolyte encense le prêtre et le peuple.

179. Pendant la Prière eucharistique, le diacre se tient auprès du prêtre, mais un peu en arrière, pour le servir, quand il le faut, au calice ou au Missel.

De l'épiclèse jusqu'à l'ostension du calice, le diacre demeure ordinairement à genoux. S'il y a plusieurs diacres, l'un d'eux peut préparer l'encens pour la consécration et encenser à l'élévation de l'hostie et du calice.

180. À la doxologie finale de la Prière eucharistique, le diacre, se tenant à côté du prêtre, tient le calice élevé, tandis que le prêtre élève la patène avec l'hostie, jusqu'à ce que le peuple ait acclamé *Amen.*

181. Après que le prêtre a dit la prière pour la paix et *Pax Domini sit semper vobiscum* (Que la paix du Seigneur soit toujours avec vous) et que le peuple a répondu : *Et cum spiritu tuo* (Et avec votre esprit), c'est le diacre qui, si cela est opportun, invite à la paix en disant, les mains jointes et tourné vers le peuple : *Offerte vobis pacem* (Frères et sœurs, dans la charité du Christ, donnez-vous la paix). Lui-même reçoit du prêtre la paix et il peut la donner aux ministres les plus proches de lui.

182. Lorsque le prêtre a communié, le diacre reçoit du prêtre lui-même la Communion sous les deux espèces puis il aide le prêtre à donner la Communion au peuple. Si l'on donne la Communion sous les deux espèces, c'est lui qui présente le calice aux communiants et, quand il a terminé, il consomme aussitôt à l'autel avec respect tout ce qui reste du Sang du Christ, en se faisant aider, le cas échéant, par les autres diacres et prêtres.

183. Lorsque la Communion est achevée, le diacre revient à l'autel avec le prêtre, recueille les fragments s'il y en a, puis porte le calice et les autres vases sacrés à la crédence ; là, il les purifie et les range comme d'habitude, tandis que le prêtre retourne au siège. Il est permis cependant de laisser à la crédence, sur un corporal, les vases à purifier, convenablement recouverts, et de les purifier aussitôt après la messe, une fois le peuple renvoyé.

Rite de conclusion

184. Une fois dite la prière après la Communion, le diacre fait au peuple les brèves annonces, au cas où ce serait utile, à moins que le prêtre ne veuille le faire lui-même.

185. Si l'on emploie la prière sur le peuple ou la formule de bénédiction solennelle, le diacre dit : *Inclinate vos ad benedictionem* (Inclinez-vous pour la bénédiction). Lorsque le prêtre a donné la bénédiction, le diacre envoie le peuple en disant, les mains jointes et tourné vers lui : *Ite, missa est* (Allez, dans la paix du Christ).

186. Ensuite, avec le prêtre, il baise l'autel et, après avoir fait une inclination profonde, s'en retourne en procession, comme il était venu.

C) LES FONCTIONS DE L'ACOLYTE

187. Les fonctions que l'acolyte peut remplir sont diverses. Il arrive même que certaines d'entre elles doivent s'exercer en même temps. Il convient donc qu'elles soient réparties entre plusieurs personnes. S'il n'y a qu'un acolyte, il accomplit les fonctions les plus importantes, les autres étant confiées à d'autres ministres.

Rites initiaux

188. Lorsqu'on se rend à l'autel, l'acolyte peut porter la croix entre deux ministres qui portent les cierges allumés. Lorsqu'il arrive à l'autel, il installe la croix près de celui-ci pour qu'elle soit la croix de l'autel ; sinon, il la met dans un endroit digne. Puis il gagne sa place dans le sanctuaire.

189. Pendant toute la célébration, l'acolyte doit pouvoir se rendre auprès du prêtre ou du diacre pour leur présenter le livre ou les assister quand il en est besoin. Autant que possible, il convient donc de prévoir pour lui une place d'où il puisse facilement remplir sa fonction, soit au siège, soit à l'autel.

Liturgie eucharistique

190. Une fois achevée la Prière universelle, l'acolyte, en l'absence d'un diacre, pose sur l'autel le corporal, le purificatoire, le calice, la pale et le Missel, tandis que le prêtre reste au siège. Ensuite, s'il y a lieu, il assiste le prêtre pour recevoir les dons du peuple. Puis, éventuellement, il porte à l'autel le pain et le vin et les remet au prêtre. Si l'on emploie l'encens, il présente l'encensoir au prêtre et assiste celui-ci pour l'encensement des dons, de la croix et de l'autel. Ensuite il encense le prêtre et le peuple.

191. Si c'est nécessaire, l'acolyte institué, en tant que ministre extraordinaire de la Communion, peut assister le prêtre pour donner la Communion aux fidèles [10]. Lorsque la Communion est donnée sous les deux espèces et qu'il n'y a pas de diacre, il présente le calice aux communiants ou bien, si la Communion est donnée par intinction, il tient le calice.

192. De même, après la Communion, l'acolyte institué aide le prêtre ou le diacre à purifier les vases sacrés et à les remettre à leur place. En l'absence d'un diacre, il porte les vases sacrés à la crédence, où il les purifie, les essuie et les remet à leur place comme d'habitude.

193. La célébration de la messe terminée, l'acolyte et les autres ministres, avec le diacre et le prêtre, retournent en procession à la sacristie, de la même manière et dans le même ordre qu'à l'entrée.

D) LES FONCTIONS DU LECTEUR

Rites initiaux

194. En l'absence d'un diacre, lorsqu'on se rend à l'autel, le lecteur, vêtu d'un vêtement approuvé, peut porter, en l'élevant un peu, l'Évangéliaire. Dans ce cas, il marche devant le prêtre. Autrement, il se place avec les autres ministres.

195. Lorsqu'il arrive à l'autel, il fait avec les autres une inclination profonde. S'il porte l'Évangéliaire, il monte à l'autel pour y déposer le livre ; puis il gagne sa place avec les autres ministres dans le sanctuaire.

[10] *Cf.* Paul VI, Motu proprio *Ministeria quaedam*, du 15 août 1972 : DC (1972), p. 853-854.

Liturgie de la Parole

196. Il lit, de l'ambon, les lectures qui précèdent l'Évangile. À défaut de psalmiste, il peut dire le psaume responsorial après la première lecture.

197. Pour la Prière universelle, en l'absence du diacre, le lecteur peut, de l'ambon, dire les intentions après que le prêtre a introduit la prière.

198. S'il n'est pas prévu de chanter à l'entrée ou à la Communion, et que les antiennes proposées au Missel ne sont pas dites par les fidèles, il peut les lire au moment opportun (*cf.* n. 48, 87).

II – LA MESSE CONCÉLÉBRÉE

199. La concélébration, qui manifeste heureusement l'unité du sacerdoce et du sacrifice, ainsi que l'unité du peuple de Dieu tout entier, est prescrite par le rite lui-même : à l'ordination d'un évêque ou à celle de prêtres, à la messe pour la bénédiction d'un abbé et à la messe chrismale.

Elle est recommandée, à moins que l'utilité des fidèles ne requière ou ne suggère de faire autrement :

a) Le Jeudi saint, à la messe du soir en mémoire de la Cène du Seigneur.

b) À la messe dans les conciles, les assemblées d'évêques et les synodes.

c) À la messe conventuelle et à la messe principale, dans les églises et oratoires.

d) À la messe lors de réunions de prêtres, tant séculiers que religieux[11].

[11] *Cf. Const. lit.*, art. 57 ; *Code de droit canonique*, can. 902.

Cependant, il est reconnu à tout prêtre la liberté de célébrer l'Eucharistie individuellement, pourvu qu'il n'y ait pas une concélébration au même moment dans la même église ou le même oratoire. Toutefois il n'est pas permis de célébrer la messe individuellement le Jeudi saint et à la Veillée pascale.

200. On accueillera volontiers à la concélébration eucharistique les prêtres de passage, pourvu que l'on connaisse leur identité sacerdotale.

201. Là où il y a un grand nombre de prêtres, la concélébration peut avoir lieu plusieurs fois le même jour, si la nécessité ou l'utilité pastorale le demande ; cela doit cependant se faire à des moments successifs ou bien en différents lieux sacrés [12].

202. Il appartient à l'évêque, conformément au droit, de régler la discipline de la concélébration dans toutes les églises et oratoires de son diocèse.

203. On doit particulièrement estimer la concélébration où les prêtres d'un diocèse concélèbrent avec leur propre évêque, à la messe « stationale » surtout aux jours de grande solennité de l'année liturgique, à la messe d'ordination du nouvel évêque du diocèse, de son coadjuteur ou de son auxiliaire, à la messe chrismale, à la messe du Jeudi saint au soir en mémoire de la Cène du Seigneur, aux célébrations du saint fondateur de l'Église locale ou du patron du diocèse, aux anniversaires de l'évêque, enfin à l'occasion du synode ou de la visite pastorale [13].

Pour la même raison, la concélébration est recommandée chaque fois que les prêtres se réunissent avec leur évêque, à l'occasion des exercices spirituels ou d'une autre réunion. Le

[12] *Cf.* S. Cong. des Rites, Instr. *Eucharisticum Mysterium*, n. 47 : DC (1967), n. 1496, p. 1115.
[13] *Cf. ibid.*

signe de l'unité du sacerdoce et de l'Église, qui caractérise toute concélébration, se manifeste alors de façon plus évidente.

204. Pour un motif particulier, à cause de la signification du rite ou de l'importance de la fête, il est permis de célébrer ou de concélébrer plusieurs fois le même jour, dans les cas suivants :

a) Celui qui, le jeudi saint, a célébré ou concélébré la messe chrismale peut encore célébrer ou concélébrer la messe du soir.

b) Celui qui a célébré ou concélébré la messe lors de la Veillée pascale peut célébrer ou concélébrer le jour de Pâques.

c) À Noël, tous les prêtres peuvent célébrer ou concélébrer trois messes, du moment que c'est à l'heure voulue.

d) Le jour de la Commémoration de tous les fidèles défunts, tous les prêtres peuvent célébrer ou concélébrer trois messes pourvu que les célébrations aient lieu à des moments différents et qu'on observe ce qui est prescrit pour l'application de la deuxième et de la troisième messe [14].

e) Si un prêtre concélèbre avec l'évêque ou son délégué, au synode, lors d'une visite pastorale ou de quelque réunion de prêtres, il peut célébrer de nouveau la messe pour l'utilité des fidèles. Cela vaut, toutes proportions gardées, pour les réunions de religieux.

205. La messe concélébrée, quelle qu'en soit la forme, suit les règles à observer communément (*cf.* n. 112-198), en les conservant ou en les changeant sur les points indiqués ci-dessous.

206. Personne ne sera jamais admis à concélébrer une fois la messe commencée.

207. On préparera dans le sanctuaire :

a) Des sièges et des livrets pour les prêtres qui concélèbrent.

b) À la crédence, un calice suffisamment grand, ou plusieurs calices.

[14] *Cf.* Benoît XV, Const. apost. *Incruentum altaris sacrificium*, du 10 août 1915 : *AAS* 7 (1915), p. 401-404.

208. S'il n'y a pas de diacre, quelques-uns des concélébrants accompliront les fonctions qui lui reviennent.

S'il n'y a pas non plus d'autres ministres, des fidèles capables peuvent être chargés de leurs fonctions ; sinon, quelques-uns des concélébrants les rempliront.

209. Les concélébrants revêtent à la sacristie ou dans un autre local approprié les vêtements liturgiques qu'ils ont l'habitude de prendre lorsqu'ils célèbrent la messe individuellement. Toutefois, pour une juste cause, par exemple un nombre très élevé de concélébrants, qui fait qu'on manque d'ornements, les concélébrants, excepté toujours le célébrant principal, pourront se passer de chasuble et porter l'étole sur l'aube.

Rites initiaux

210. Lorsque tout est bien préparé, on se rend comme ordinairement à l'autel en procession dans l'église. Les prêtres concélébrants précèdent le célébrant principal.

211. Lorsqu'ils sont parvenus à l'autel, les concélébrants et le célébrant principal, après avoir fait une inclination profonde, vénèrent l'autel d'un baiser, puis gagnent les sièges qui leur ont été attribués. Le célébrant principal, si cela est opportun, encense la croix et l'autel, après quoi il rejoint son siège.

Liturgie de la Parole

212. Pendant la liturgie de la Parole, les concélébrants se tiennent à leur place. Ils s'assoient et se lèvent comme le célébrant principal.

Au début du chant de l'*Alléluia*, tous se lèvent, sauf l'évêque qui met de l'encens sans rien dire et qui bénit le diacre ou, en son absence, le prêtre concélébrant qui va proclamer l'Évangile. Cependant, lors d'une concélébration présidée par un prêtre, le concélébrant qui, en l'absence de diacre, proclame l'Évangile ne demande ni ne reçoit la bénédiction du célébrant principal.

213. Ordinairement, c'est le célébrant principal qui prononce l'homélie ou bien l'un des concélébrants.

Liturgie eucharistique

214. Le célébrant principal fait la préparation des dons (*cf.* n. 139-146), les autres concélébrants restant à leur place.

215. Une fois la prière sur les offrandes dite par le célébrant principal, les concélébrants s'approchent de l'autel et se placent tout autour, mais de façon à ne pas gêner l'accomplissement des rites et à permettre aux fidèles de bien voir l'action sacrée ; ils ne doivent pas non plus gêner le diacre lorsque celui-ci, en raison de son ministère, doit s'approcher de l'autel.

Le diacre s'acquittera de son ministère à l'autel, en faisant le service du calice et du Missel. Cependant, il se tiendra, autant que possible, un peu en retrait, derrière les concélébrants qui se tiennent autour du célébrant principal.

Manière de dire la Prière eucharistique

216. La Préface est chantée ou dite uniquement par le prêtre célébrant principal. Mais le *Sanctus* est chanté ou récité par tous les concélébrants avec le peuple et la chorale.

217. Le *Sanctus* achevé, les prêtres concélébrants poursuivent la Prière eucharistique de la manière décrite ci-dessous. Seul, le célébrant principal fait les gestes, à moins d'indication différente.

218. Les parties prononcées par tous les concélébrants ensemble, et surtout les paroles de la consécration, que tous sont tenus de prononcer, doivent être récitées à mi-voix, si bien que l'on entende clairement la voix du célébrant principal. De cette manière les mots seront mieux saisis par le peuple.

Il est bien de chanter les parties qui doivent être dites ensemble par tous les concélébrants et qui sont mises en musique dans le Missel.

A) PRIÈRE EUCHARISTIQUE I OU CANON ROMAIN

219. Dans la Prière eucharistique I, ou Canon romain, le célébrant principal seul, les mains étendues, dit : *Te igitur* (Père infiniment bon).

220. Il convient de confier à un ou à deux concélébrants le *Memento* des vivants (Souviens-toi) et le *Communicantes* (Dans la Communion) ; chacun dit ces prières seul, les mains étendues et à haute voix.

221. *Hanc igitur* (Voici l'offrande) est dit de nouveau par le célébrant principal seul, les mains étendues.

222. De *Quam oblationem* (Sanctifie pleinement) à *Supplices* (Nous t'en supplions), le célébrant principal fait seul les gestes, mais tous les concélébrants prononcent ensemble tous les textes de la façon suivante :

a) *Quam oblationem* (Sanctifie pleinement), les mains étendues vers les dons.

b) *Qui pridie* (La veille de sa Passion) et *Simili modo* (De même), les mains jointes.

c) Les paroles du Seigneur, en étendant la main droite, si on le juge opportun, vers le pain et le calice ; les concélébrants regardent l'hostie et le calice élevés par le célébrant principal et ensuite s'inclinent profondément.

d) *Unde et memores* (C'est pourquoi) et *Supra quae* (Et comme il t'a plu), les mains étendues.

e) *Supplices* (Nous t'en supplions), inclinés et les mains jointes jusqu'aux mots *ex hac altaris participatione* (afin qu'en recevant ici), et ensuite ils se relèvent et se signent aux paroles *omni benedictione caelesti et gratia repleamur* (nous soyons comblés de ta grâce et de tes bénédictions).

223. Il convient de confier le *Memento* des défunts (Souviens-toi) et le *Nobis quoque peccatoribus* (Et nous, pécheurs) à l'un ou l'autre des concélébrants ; chacun dit ces prières seul, les mains étendues et à haute voix.

224. Aux mots *Nobis quoque peccatoribus* (Et nous, pécheurs) tous les concélébrants se frappent la poitrine.

225. *Per quem haec omnia* (C'est par lui) est dit par le célébrant principal seul.

B) PRIÈRE EUCHARISTIQUE II

226. Dans la Prière eucharistique II, *Vere Sanctus* (Toi qui es vraiment saint) est dit par le célébrant principal seul, les mains étendues.

227. Depuis *Haec ergo dona* (Sanctifie ces offrandes) jusqu'à *Et supplices* (Humblement, nous te demandons), tous les concélébrants disent ensemble tous les textes, de la manière suivante :

a) *Haec ergo dona* (Sanctifie ces offrandes), en étendant les mains vers les dons.

b) *Qui cum Passioni* (Au moment d'être livré) et *Simili modo* (De même), les mains jointes.

c) Les paroles du Seigneur, en étendant la main droite, si on le juge opportun, vers le pain et le calice ; les concélébrants regardent l'hostie et le calice élevés par le célébrant principal et ensuite s'inclinent profondément.

d) *Memores igitur* (Faisant ici mémoire) et *Et supplices* (Humblement, nous te demandons), les mains étendues.

228. Il convient de confier les intercessions pour les vivants : *Recordare, Domine* (Souviens-toi, Seigneur) et pour les défunts : *Memento etiam fratrum nostrorum* (Souviens-toi aussi) à l'un ou l'autre des concélébrants dont chacun dit ces prières seul, les mains étendues et à voix haute.

C) PRIÈRE EUCHARISTIQUE III

229. Dans la Prière eucharistique III, *Vere Sanctus* (Tu es vraiment saint) est dit par le célébrant principal seul, les mains étendues.

230. Depuis *Supplices ergo te, Domine* (C'est pourquoi nous te supplions) jusqu'à *Respice, quaesumus* (Regarde, Seigneur), tous les concélébrants disent ensemble tous les textes, de la manière suivante :

a) *Supplices ergo te, Domine* (C'est pourquoi nous te supplions), les mains étendues vers les dons.

b) *Ipse enim in qua nocte tradebatur* (La nuit même où il fut livré) et *Simili modo* (De même), les mains jointes.

c) Les paroles du Seigneur en étendant la main droite, si on le juge opportun, vers le pain et le calice ; les concélébrants regardent l'hostie et le calice élevés par le célébrant principal et ensuite s'inclinent profondément.

d) *Memores igitur* (En faisant mémoire) et *Respice, quaesumus* (Regarde, Seigneur), les mains étendues.

231. Il convient de confier les intercessions : *Ipse nos, Haec Hostia nostrae reconciliationis* (Que l'Esprit Saint fasse de nous) et *Fratres nostros* (Et maintenant, nous te supplions, Seigneur), à l'un ou l'autre des concélébrants, dont chacun dit ces prières seul, les mains étendues et à voix haute.

D) PRIÈRE EUCHARISTIQUE IV

232. Dans la Prière eucharistique IV, *Confitemur tibi, Pater sancte* (Père très saint, nous proclamons) jusqu'à *omnem sanctificationem compleret* (achève toute sanctification) est dit par le célébrant principal seul, les mains étendues.

233. Depuis *Quaesumus igitur, Domine* (Que ce même Esprit Saint) jusqu'à *Respice, Domine* (Regarde, Seigneur), tous les concélébrants disent ensemble tous les textes, de la manière suivante :

a) *Quaesumus igitur, Domine* (Que ce même Esprit Saint), les mains étendues vers les dons.

b) *Ipse enim, cum hora venisset* (Quand l'heure fut venue) et *Simili modo* (De même), les mains jointes.

c) Les paroles du Seigneur en étendant la main droite, si on le juge opportun, vers le pain et le calice ; les concélébrants regardent l'hostie et le calice élevés par le célébrant principal et ensuite s'inclinent profondément.

d) *Unde et nos* (Voilà pourquoi, Seigneur) et *Respice, Domine* (Regarde, Seigneur), les mains étendues.

234. Il convient de confier les intercessions *Nunc ergo, Domine, omnium recordare* et *Nobis omnibus* (à partir de : Et maintenant Seigneur) à l'un ou l'autre des concélébrants qui les dit seul, les mains étendues et à voix haute.

235. Pour les autres Prières eucharistiques approuvées par le Saint-Siège, on observera les normes établies pour chacune d'elles.

236. La doxologie finale de la Prière eucharistique est prononcée uniquement par le célébrant principal et, s'il le souhaite, avec tous les concélébrants, mais non par les fidèles.

Rites de Communion

237. Ensuite le célébrant principal, les mains jointes, dit la monition qui précède l'oraison dominicale puis, les mains étendues, il dit avec les autres concélébrants qui eux aussi étendent les mains et avec tout le peuple l'oraison dominicale elle-même.

238. *Libera nos* (Délivre-nous) est dit par le célébrant principal seul, les mains étendues. Tous les concélébrants, avec le peuple, prononcent l'acclamation finale : *Quia tuum est regnum* (Car c'est à toi qu'appartiennent).

239. Après la monition du diacre ou, en son absence, d'un concélébrant : *Offerte vobis pacem* (Frères, donnez-vous la paix du Christ), tous se donnent la paix mutuellement. Ceux qui sont les plus rapprochés du célébrant principal reçoivent de lui la paix avant le diacre.

240. Pendant qu'on dit l'*Agnus Dei* (Agneau de Dieu), les diacres ou quelques-uns des concélébrants peuvent aider le célébrant principal à rompre les hosties pour la Communion des concélébrants et celle du peuple.

241. Lorsque l'immixtion est accomplie, seul le célébrant principal, les mains jointes, dit à voix basse l'une des deux prières *Domine Iesu Christe, Filii Dei vivi* (Seigneur Jésus Christ, Fils du Dieu vivant) ou *Perceptio Corporis et Sanguinis* (Seigneur Jésus Christ, que cette Communion à ton Corps et à ton Sang).

242. Lorsque la prière avant la Communion est achevée, le célébrant principal fait la génuflexion et s'écarte un peu. Les concélébrants, l'un après l'autre, viennent au milieu de l'autel, font la génuflexion, prennent à l'autel le Corps du Christ avec respect, le tenant de la main droite, posée sur la main gauche, et retournent à leur place. Cependant, les concélébrants peuvent rester à leur place et prendre le Corps du Christ sur la patène, que tiennent le célébrant principal ou l'un ou plusieurs des concélébrants qui passent devant eux ; ou bien ils se transmettent la patène de l'un à l'autre jusqu'au dernier.

243. Ensuite, le célébrant principal prend l'hostie consacrée à cette messe et, en la tenant un peu élevée au-dessus de la patène ou du calice, tourné vers le peuple, il dit : *Ecce Agnus Dei* (Voici l'Agneau de Dieu) et il poursuit en disant, avec les concélébrants et le peuple : *Domine, non sum dignus* (Seigneur, je ne suis pas digne).

244. Puis le célébrant principal, tourné vers l'autel, dit à voix basse : *Corpus Christi custodiat me in vitam aeternam* (Que le Corps du Christ me garde pour la vie éternelle) et il consomme avec respect le Corps du Christ. Les concélébrants font de même, en se communiant eux-mêmes. Après eux, le diacre reçoit du célébrant principal le Corps et le Sang du Seigneur.

245. On peut consommer le Sang du Christ soit en buvant directement au calice, soit par intinction, soit en employant un chalumeau ou une cuiller.

246. Si la Communion se fait en buvant directement au calice, on peut employer l'une des manières suivantes :

a) Le célébrant principal, au milieu de l'autel, prend le calice et dit à voix basse : *Sanguis Christi custodiat me in vitam aeternam* (Que le Sang du Christ me garde pour la vie éternelle), consomme un peu du Précieux Sang, et remet le calice au diacre ou à un concélébrant. Il distribue ensuite la Communion aux fidèles (*cf.* n. 160-162).

Les concélébrants, un par un, ou deux par deux s'il y a deux calices, s'approchent de l'autel, font la génuflexion, consomment le Précieux Sang, essuient le bord du calice et reviennent à leur siège.

b) Le célébrant principal consomme le Sang du Seigneur en se tenant, comme d'habitude, au milieu de l'autel.

Restant à leur place, les concélébrants peuvent consommer le Sang du Seigneur en buvant au calice que leur présente le diacre ou l'un des concélébrants ; ou encore en se le transmettant de l'un à l'autre. Le calice est toujours essuyé, soit par celui qui boit, soit par celui qui présente le calice. Chacun, après avoir communié, retourne à son siège.

247. Le diacre consomme avec respect à l'autel tout ce qui reste du Sang du Christ, en se faisant aider, le cas échéant, par quelques concélébrants, puis il porte le calice à la crédence. Là, lui-même ou un acolyte institué le purifie, l'essuie et le range comme à l'ordinaire (*cf.* n. 183).

248. On peut encore organiser la Communion des concélébrants de telle manière que chacun à l'autel communie au Corps et, aussitôt après, au Sang du Seigneur.

Dans ce cas, le célébrant principal communie sous les deux espèces comme à l'accoutumée (*cf.* n. 158), mais en observant pour la Communion au calice le rite choisi pour la circonstance et utilisé par les autres concélébrants.

Après la Communion du célébrant principal, on dépose le calice sur un autre corporal, d'un côté de l'autel. Les concélébrants viennent au milieu de l'autel l'un après l'autre, font la génuflexion et communient au Corps du Seigneur ; puis ils passent sur le côté de l'autel et consomment le Sang du Seigneur, selon le rite choisi pour la Communion au calice comme on l'a dit précédemment.

La Communion du diacre et la purification du calice se font comme décrit plus haut.

249. Si la Communion des concélébrants se fait par intinction, le célébrant principal prend le Corps et le Sang du Seigneur de la manière habituelle, en veillant seulement à ce qu'il reste dans le calice assez de vin consacré pour la Communion des concélébrants. Puis le diacre ou l'un des concélébrants dispose convenablement le calice au milieu ou sur un côté de l'autel, sur un autre corporal, avec une patène contenant des morceaux d'hostie.

Les concélébrants, l'un après l'autre, s'approchent de l'autel, font la génuflexion, prennent une parcelle, qu'ils trempent en partie dans le calice et, en tenant le purificatoire au-dessous de leur bouche, consomment l'hostie trempée, puis ils regagnent leur place du début de la messe.

C'est aussi par intinction que le diacre communie. Il répond *Amen* au concélébrant qui lui dit : *Corpus et Sanguis Christi* (Le Corps et le Sang du Christ). Le diacre consomme à l'autel tout le vin consacré qui reste, en se faisant aider, le cas échéant, par quelques concélébrants et porte le calice à la crédence. Là, lui-même ou l'acolyte institué le purifie, l'essuie et le range comme à l'ordinaire.

Rite de conclusion

250. Le célébrant principal, à son siège, fait tout le reste comme d'habitude (*cf.* n. 166-168) jusqu'à la fin de la messe, les concélébrants demeurant à leur siège.

251. Avant de quitter l'autel, les concélébrants font devant lui une inclination profonde. Le célébrant principal accompagné du diacre vénère, comme d'habitude, l'autel par un baiser.

III – LA MESSE AVEC PARTICIPATION D'UN SEUL MINISTRE

252. Quand un prêtre célèbre la messe et n'a qu'un seul ministre pour l'assister et lui répondre, il observera les rites de la messe avec peuple (*cf.* n. 120-169), le ministre prononçant, quand cela convient, les réponses du peuple.

253. Si pourtant le ministre est un diacre, il accomplit les fonctions qui sont les siennes (*cf.* n. 171-186) et prononce aussi les réponses du peuple.

254. Le prêtre ne célébrera pas sans ministre ou sans la présence d'au moins un fidèle, sauf pour une cause juste et raisonnable. En ce cas, les salutations, les monitions et la bénédiction à la fin de la messe sont omises.

255. Les vases sacrés nécessaires sont préparés avant la messe, soit sur une crédence, soit sur le côté droit de l'autel.

Rites initiaux

256. Le prêtre vient à l'autel et, après avoir fait avec le ministre une inclination profonde, le vénère par un baiser et se rend au siège ; s'il le juge bon, il peut rester à l'autel ; dans ce cas, le Missel y sera préparé. Le ministre ou le prêtre lit alors l'antienne d'ouverture.

257. Ensuite le prêtre, debout et avec le ministre, fait sur lui-même le signe de la croix en disant : *In nomine Patris* (Au nom du Père). Puis, tourné vers le ministre, il le salue par l'une des formules proposées.

258. Ensuite, il accomplit l'acte pénitentiel et dit le *Kyrie* et le *Gloria*, selon les rubriques.

259. Ensuite, les mains jointes, il dit : *Oremus* (Prions ensemble) et, après une pause convenable, les mains étendues, il dit la prière d'ouverture (Collecte). À la fin, le ministre répond : *Amen.*

Liturgie de la Parole

260. Autant que possible, les lectures sont faites de l'ambon ou d'un pupitre.

261. Une fois la collecte dite, le ministre lit la première lecture et le psaume et, quand on doit la dire, la deuxième lecture et le verset de l'*Alléluia* ou un autre chant.

262. Puis le prêtre, profondément incliné, dit *Munda cor meum* (Purifie mon cœur) et lit l'Évangile. À la fin, il dit : *Verbum Domini* (Acclamons la parole de Dieu) et le ministre répond : *Laus tibi, Christe* (Louange à toi, Seigneur Jésus !). Puis le prêtre vénère le livre par un baiser, en disant à voix basse : *Per evangelica dicta* (Que cet Évangile).

263. Le prêtre récite ensuite le Symbole, selon les rubriques, avec le ministre.

264. Vient alors la Prière universelle, qui peut se dire même à cette messe ; le prêtre introduit et conclut la prière et le ministre dit les intentions.

Liturgie eucharistique

265. Pour la liturgie eucharistique, tout se fait comme dans la messe avec peuple, sauf ce qui suit.

266. Une fois achevée l'acclamation à la fin de l'embolisme qui suit l'oraison dominicale, le prêtre dit la prière *Domine Iesu*

Christe, qui dixisti (Seigneur Jésus Christ, tu as dit) ; puis il ajoute : *Pax Domini sit semper vobiscum* (Que la paix du Seigneur soit toujours avec vous), à quoi le ministre répond : *Et cum spiritu tuo* (Et avec votre esprit). Si cela est opportun, le prêtre donne la paix au ministre.

267. Puis, pendant qu'il dit l'*Agnus Dei* (Agneau de Dieu) avec le ministre, le prêtre rompt l'hostie au-dessus de la patène. Une fois achevé l'*Agnus Dei* (Agneau de Dieu), il fait l'immixtion en disant à voix basse : *Haec commixtio* (Que le Corps et le Sang).

268. Après l'immixtion, le prêtre dit à voix basse l'une des prières *Domine Iesu Christe, Filii Dei vivi* (Seigneur Jésus Christ, Fils du Dieu vivant) ou *Perceptio* (Seigneur Jésus Christ, que cette Communion) ; ensuite, il fait la génuflexion, prend l'hostie et, si le ministre communie, il dit, tourné vers lui et tenant l'hostie un peu élevée au-dessus de la patène ou du calice : *Ecce Agnus Dei* (Voici l'Agneau de Dieu) et, avec lui, il poursuit en disant *Domine, non sum dignus* (Seigneur, je ne suis pas digne). Ensuite, tourné vers l'autel, il consomme le Corps du Christ. Si toutefois le ministre ne reçoit pas la Communion, le prêtre, après avoir fait la génuflexion, prend l'hostie et, tourné vers l'autel, dit à voix basse : *Domine, non sum dignus* (Seigneur, je ne suis pas digne) et *Corpus Christi custodiat* (Que le Corps du Christ me garde), puis il consomme le Corps du Christ. Ensuite, il prend le calice, dit à voix basse : *Sanguis Christi custodiat* (Que le Sang du Christ me garde) et consomme le Sang.

269. Avant que la Communion ne soit donnée au ministre, l'antienne de la Communion est lue par lui ou par le prêtre.

270. Le prêtre purifie le calice à la crédence ou à l'autel. S'il purifie le calice à l'autel, le ministre peut le porter à la crédence, ou bien le prêtre le laisse sur le côté de l'autel.

271. Lorsque la purification du calice est achevée, il convient que le prêtre observe un temps de silence ; ensuite, il dit la prière après la Communion.

Rite de conclusion

272. Le rite de conclusion se fait comme à la messe avec peuple, mais en omettant *Ite* (Allez, dans la paix du Christ). Le prêtre vénère, comme d'habitude, l'autel par un baiser et, après une inclination profonde avec le ministre, il se retire.

IV – QUELQUES RÈGLES VALABLES POUR TOUTES LES FORMES DE MESSE

Vénération de l'autel et de l'Évangéliaire

273. Selon l'usage reçu, on vénère l'autel et l'Évangéliaire par un baiser. Là pourtant où ce geste symbolique ne correspond pas bien aux traditions ou à la mentalité du pays, il appartient à la Conférence des évêques d'établir un autre geste à employer à sa place, avec l'accord du Siège apostolique.

Génuflexion et inclination

274. La génuflexion, en fléchissant le genou droit jusqu'à terre, signifie l'adoration ; elle est donc réservée au Saint-Sacrement et à la sainte Croix depuis l'adoration solennelle faite au cours de l'action liturgique du Vendredi saint jusqu'au début de la Veillée pascale.

Au cours de la messe, le prêtre célébrant fait trois génuflexions : après l'élévation de l'hostie, après l'élévation du calice et avant la Communion. On a noté en leur lieu les normes particulières à observer aux messes concélébrées (*cf.* n. 210-251).

Si le tabernacle avec le Saint-Sacrement est dans le sanctuaire, le prêtre, le diacre et les autres ministres font la génuflexion quand ils arrivent à l'autel et s'en retirent, mais non pendant la célébration de la messe.

Autrement, tous ceux qui passent devant le Saint-Sacrement font la génuflexion, sauf s'ils s'avancent en procession.

Les ministres qui portent la croix de procession ou les cierges font une inclination de la tête à la place de la génuflexion.

275. L'inclination signifie le respect et l'honneur que l'on doit aux personnes elles-mêmes ou à leurs représentations. Il y a deux espèces d'inclination, celle de la tête et celle du corps :

a) On incline la tête lorsque les trois personnes divines sont nommées ensemble, aux noms de Jésus, de la bienheureuse Vierge Marie et du saint en l'honneur de qui on dit la messe.

b) On incline le corps, par ce qu'on appelle l'inclination profonde : devant l'autel, aux prières *Munda cor meum* (Purifie mon cœur) et *In spiritu humilitatis* (Humbles et pauvres) ; dans la récitation du Symbole, aux mots *Et incarnatus est* (Par l'Esprit Saint, il a pris chair) ; et dans le Canon romain, aux mots *Supplices te rogamus* (Nous t'en supplions). La même inclination est faite par le diacre quand il demande la bénédiction avant de proclamer l'Évangile. En outre, le prêtre s'incline un peu, à la consécration, quand il dit les paroles du Seigneur.

Encensement

276. L'encensement exprime le respect et la prière comme l'indique la sainte Écriture (*cf.* Ps 140, 2 ; Ap 8, 3).

On peut, à son gré, employer l'encens, quelle que soit la forme de la messe :

a) Pendant la procession d'entrée.

b) Au début de la messe, pour encenser la croix et l'autel.

c) Pour la procession d'Évangile et sa proclamation.

d) Quand le pain et le calice ont été déposés sur l'autel, pour encenser les dons, la croix et l'autel ainsi que le prêtre et le peuple.

e) À l'élévation de l'hostie et du calice après la consécration.

277. Le prêtre encense les offrandes, avant l'encensement de la croix et de l'autel, par trois coups d'encensoir ou bien en traçant un signe de croix sur elles avec l'encensoir.

Avant et après l'encensement, on fait une inclination profonde devant la personne ou l'objet que l'on encense, excepté l'autel et les offrandes pour le sacrifice de la messe.

On encense par trois coups d'encensoir : le Saint-Sacrement, les reliques de la sainte Croix et les images du Seigneur exposées à la vénération publique, les offrandes pour le sacrifice de la messe, la croix de l'autel, l'Évangéliaire, le cierge pascal, le prêtre et le peuple.

On encense de deux coups d'encensoir les reliques et les images des saints exposées à la vénération publique, mais seulement au début de la célébration, quand on encense l'autel.

On encense l'autel par des coups d'encensoir successifs de la façon suivante :

a) Si l'autel est séparé du mur, le prêtre l'encense en en faisant le tour.

b) Si l'autel est placé contre le mur, le prêtre l'encense en passant d'abord le long du côté droit, puis du côté gauche.

Si la croix est sur l'autel ou près de lui, le prêtre l'encense avant l'autel ; sinon, il l'encense lorsqu'il passe devant elle.

Purification

278. Chaque fois qu'une parcelle d'hostie s'est attachée aux doigts, ce qui arrive surtout après la fraction ou après la Communion des fidèles, le prêtre la détachera de ses doigts au-dessus de la patène ou, si cela est nécessaire, se les lavera. De même, il recueillera les parcelles qui seraient en dehors de la patène.

279. Les vases liturgiques sont purifiés par le prêtre, par le diacre ou par l'acolyte institué, après la Communion ou après la messe, autant que possible à la crédence. On fait la purification du calice avec de l'eau, ou bien avec de l'eau et du vin, et l'ablution est consommée par celui qui purifie. Ordinairement on essuiera la patène avec le purificatoire.

Il faut veiller à consommer à l'autel aussitôt et complètement le Sang du Christ qui resterait après la distribution de la Communion.

280. Si une hostie ou une parcelle tombait, on la ramasserait avec respect ; si du vin consacré se répandait, on laverait l'endroit avec de l'eau, et cette eau serait ensuite jetée dans la piscine de la sacristie.

Communion sous les deux espèces

281. La sainte Communion réalise plus pleinement sa forme de signe lorsqu'elle se fait sous les deux espèces. Car, sous cette forme, le signe du banquet eucharistique est mis plus pleinement en lumière, et on exprime plus clairement la volonté divine d'accomplir la nouvelle et éternelle Alliance dans le Sang du Seigneur ; on montre aussi plus clairement la relation entre le banquet eucharistique et le banquet eschatologique dans le royaume du Père [15].

[15] *Cf.* S. Cong. des Rites, Instr. *Eucharisticum Mysterium*, n. 47 : DC (1967), n. 1496, p. 1115.

282. Les pasteurs veilleront, de la façon la plus appropriée possible, à rappeler aux fidèles qui participent à ce rite ou à ceux qui y assistent la doctrine catholique sur la forme de la sainte Communion, selon le concile de Trente. Avant tout, on redira aux fidèles l'enseignement de la foi catholique : même sous une seule des deux espèces, on reçoit le Christ tout entier, sans aucun manque, et le Sacrement dans toute sa vérité ; par suite, en ce qui regarde les fruits de la Communion, ceux qui la reçoivent sous une seule espèce ne sont privés d'aucune grâce nécessaire au salut [16].

Ils enseigneront en outre que l'Église a autorité sur la manière de donner les sacrements : du moment que l'essentiel est sauvegardé, elle peut décider ou modifier ce qu'elle juge plus avantageux pour la vénération qu'on leur doit ou pour l'utilité de ceux qui les reçoivent, en raison de la diversité des circonstances, des époques et des lieux [17]. Mais en même temps, on invitera les fidèles à vouloir participer plus intensément au rite sacré, de sorte que le signe du banquet eucharistique soit mis davantage en lumière.

283. En plus des cas prévus dans les livres liturgiques, la Communion sous les deux espèces est permise :

a) Aux prêtres qui ne peuvent célébrer ou concélébrer.

b) Au diacre et à tous ceux qui exercent une fonction au cours de la messe.

c) Aux membres des communautés à la messe conventuelle ou à la messe dite de communauté, aux séminaristes, à tous ceux qui font les exercices spirituels ou participent à une réunion spirituelle ou pastorale.

Au sujet de la Communion sous les deux espèces, l'évêque diocésain peut déterminer pour son diocèse des normes qui

[16] *Cf.* Concile de Trente, Sess. XXI, décret sur la Communion eucharistique, chap. 1-3 : DS, p. 1725-1729.

[17] *Cf. ibid.*, chap. 2 : DS, p. 1728.

doivent être observées même dans les églises des religieux et dans les petits groupes. Il a aussi la faculté de permettre de donner la Communion sous les deux espèces chaque fois que le prêtre à qui la communauté est confiée en tant que son pasteur propre l'estime opportun, pourvu que les fidèles soient bien instruits et que soit évité tout danger de profaner le Sacrement, ou que le nombre des participants ou une autre raison n'en rende l'exécution trop difficile.

Sur la manière de donner aux fidèles la Communion sous les deux espèces et l'extension de la faculté de la donner, les Conférences des évêques peuvent publier des normes, après approbation des actes par le Siège apostolique.

284. Quand on communie sous les deux espèces :

a) D'ordinaire, le calice est présenté par le diacre ou, en son absence, un prêtre, ou encore un acolyte institué ou un autre ministre extraordinaire de la Communion, ou un fidèle à qui, en cas de nécessité, on confie cette fonction pour une fois.
b) S'il reste du Sang du Christ, le prêtre le consomme à l'autel, ou le diacre, ou l'acolyte institué qui a présenté le calice : il purifie les vases liturgiques, les essuie et les remet à leur place comme d'habitude.

Aux fidèles qui voudraient éventuellement communier sous la seule espèce du pain, la Communion sera donnée sous cette forme.

285. Pour distribuer la Communion sous les deux espèces, on prépare :

a) Si la Communion se fait en buvant directement au calice, soit un calice suffisamment grand, soit plusieurs calices, en prenant toujours soin de prévoir qu'il ne reste pas trop de Sang du Christ à consommer à la fin de la célébration.
b) Si la Communion se fait par intinction, on doit veiller à ce que les hosties ne soient ni trop minces ni trop petites, mais un

peu plus épaisses que d'habitude, pour qu'on puisse commodément les distribuer après les avoir trempées en partie dans le Sang du Christ.

286. Si la Communion au Sang du Christ se fait en buvant directement au calice, le communiant, après avoir reçu le Corps du Christ, se dirige vers le ministre chargé du calice et se tient devant lui. Le ministre dit : *Sanguis Christi* (Le Sang du Christ), le communiant répond : *Amen.* Le ministre lui tend le calice, que le communiant prend lui-même de ses mains pour l'approcher de sa bouche. Le communiant boit un peu au calice, le rend au ministre et se retire ; le ministre essuie le bord du calice avec le purificatoire.

287. Si la Communion au calice se fait par intinction, le communiant, tenant le plateau de communion au-dessous de sa bouche, s'approche du prêtre qui tient le vase contenant les saintes espèces, alors qu'à son côté se tient le ministre qui porte le calice. Le prêtre prend une hostie, la trempe en partie dans le calice et, en la lui montrant, dit : *Corpus et Sanguis Christi* (Le Corps et le Sang du Christ). Le communiant répond *Amen*, reçoit du prêtre le Sacrement dans la bouche, puis il se retire.

Chapitre V

DISPOSITION ET ORNEMENTATION DES ÉGLISES POUR LA CÉLÉBRATION DE L'EUCHARISTIE

I – PRINCIPES GÉNÉRAUX

288. Pour la célébration de l'Eucharistie, le peuple de Dieu se rassemble généralement dans une église ou bien, si elle fait défaut ou en cas d'insuffisances, dans un autre lieu honorable qui soit cependant digne d'un si grand mystère. Ces églises ou ces autres lieux se prêteront à accomplir l'action sacrée et à obtenir la participation active des fidèles. En outre, les édifices sacrés et les objets destinés au culte divin seront dignes et beaux, et capables de signifier et de symboliser les réalités surnaturelles [1].

289. Aussi l'Église ne cesse-t-elle de faire appel à la contribution d'un art de qualité et elle prend en considération les valeurs artistiques de tous les peuples et de toutes les régions [2]. Bien plus, de même qu'elle s'applique à conserver les œuvres d'art et les

[1] *Cf. Const. lit.*, art. 122-124 ; Décret sur le ministère et la vie des prêtres, art. 5 ; S. Cong. des Rites, Instr. *Inter Oecumenici*, n. 90 : DC (1964), n. 1435, p. 1374 ; Instr. *Eucharisticum Mysterium*, n. 24 : DC (1967), n. 1496, p. 1104-1105 ; *Code de droit canonique*, can. 932, § 1.

[2] *Cf. Const. lit.*, art. 123.

trésors légués par les siècles passés [3] et, autant qu'il est nécessaire, à les adapter aux besoins nouveaux, elle s'efforce de promouvoir des créations qui s'accordent à l'esprit de chaque époque [4].

C'est pourquoi, dans les programmes proposés aux artistes et dans le choix des œuvres à admettre dans les églises, on recherchera des réalisations d'une véritable qualité artistique, pour que ces œuvres nourrissent la foi et la piété et répondent au sens et à la finalité qu'on attend d'elles [5].

290. Toutes les églises seront dédicacées ou au moins bénites. Mais les églises cathédrales et paroissiales seront dédicacées selon le rite solennel.

291. Pour la construction, la restauration et l'aménagement des édifices sacrés, les responsables consulteront la commission diocésaine de liturgie et d'art sacré. L'évêque diocésain recourra au conseil et à l'aide de cette commission quand il s'agira de fournir des règles en ce domaine, d'approuver les projets de nouveaux édifices et de trancher les questions de quelque importance [6].

292. L'ornementation de l'église doit viser à une noble simplicité plutôt qu'à un luxe pompeux. Pour choisir les éléments d'ornementation, on aura souci de la vérité des choses et on cherchera à assurer l'éducation des fidèles et la dignité de l'ensemble du lieu sacré.

293. Pour répondre d'une manière opportune aux besoins de notre époque, l'organisation de l'église et de ses dépendances

[3] *Cf.* S. Cong. des Rites, Instr. *Eucharisticum Mysterium*, n. 24 : DC (1967), n. 1496, p. 1104-1105.

[4] *Cf. Const. lit.*, art. 123 ; S. Cong. des Rites, Instr. *Inter Oecumenici*, n. 13c : DC (1964), n. 1435, p. 1361.

[5] *Cf. Const. lit.*, art. 123.

[6] *Cf. Const. lit.*, art. 126 ; S. Cong. des Rites, Instr. *Inter Oecumenici*, n. 91 : DC (1964), n. 1435, p. 1374.

requiert qu'on ne se préoccupe pas seulement de ce qui concerne directement la célébration des actions sacrées, mais qu'on prévoie aussi ce qui contribue à un confort raisonnable des fidèles, comme on a coutume de le prévoir dans les lieux où se tiennent habituellement des réunions.

294. Le peuple de Dieu, qui se rassemble pour la messe, forme une assemblée organisée et hiérarchique, qui s'exprime par la diversité des ministères et des actions selon chaque partie de la célébration. Il faut que le plan d'ensemble de l'édifice sacré soit conçu de manière à offrir en quelque sorte l'image de l'assemblée qui s'y réunit, à permettre la répartition harmonieuse de tous et à favoriser le juste accomplissement de chaque fonction.

Les fidèles et la chorale auront une place qui facilite leur participation active [7].

Le prêtre célébrant, le diacre et les autres ministres prendront place dans le sanctuaire. On y préparera aussi les sièges des concélébrants, à moins qu'à cause de leur grand nombre on ne dispose leurs sièges dans une autre partie de l'église, mais toujours auprès de l'autel.

Ces dispositions, tout en exprimant l'ordre hiérarchique et la diversité des fonctions, devront aussi assurer l'unité profonde et organique de l'édifice, qui mettra en lumière l'unité de tout le peuple saint. La nature et la beauté du lieu et de tout le mobilier favoriseront la piété et manifesteront la sainteté des mystères qu'on y célèbre.

[7] *Cf.* S. Cong. des Rites, Instr. *Inter Oecumenici*, n. 97-98 : DC (1964), n. 1435, p. 1375.

II – DISPOSITION DU SANCTUAIRE POUR LA CÉLÉBRATION COMMUNAUTAIRE

295. Le sanctuaire est le lieu où se dresse l'autel, où est proclamée la parole de Dieu, où le prêtre, le diacre et les autres ministres exercent leurs fonctions. Il convient qu'il se distingue du reste de l'église soit par une certaine élévation, soit par une structure et une ornementation particulières. Il doit être assez vaste pour que la célébration de l'Eucharistie puisse être accomplie et vue facilement [8].

L'autel et son ornementation

296. L'autel, où le sacrifice de la Croix est rendu présent sous les signes sacramentels, est aussi la table du Seigneur à laquelle, dans la messe, le peuple de Dieu est invité à participer ; il est aussi le centre de l'action de grâce qui s'accomplit pleinement par l'Eucharistie.

297. Dans un lieu destiné au culte, la célébration de l'Eucharistie doit s'accomplir sur un autel ; en dehors d'un lieu sacré, elle peut s'accomplir même sur une table convenable, où l'on mettra toujours la nappe et le corporal, la croix et les chandeliers.

298. Il convient que dans toutes les églises il y ait un autel fixe, qui signifie, de manière claire permanente le Christ Jésus, Pierre vivante (1P 2, 4 ; *cf.* Ep 2, 20), mais dans les autres lieux destinés aux célébrations sacrées, l'autel peut être mobile.

L'autel est appelé fixe s'il est construit de telle sorte qu'il adhère au pavement et qu'il ne puisse donc pas être déplacé. On l'appelle mobile s'il peut être déplacé.

[8] *Cf. ibid.*, n. 91.

299. Il convient, partout où c'est possible, que l'autel soit érigé à une distance du mur qui permette d'en faire aisément le tour et d'y célébrer face au peuple. On lui donnera l'emplacement qui en fera le centre où converge spontanément l'attention de toute l'assemblée des fidèles[9]. Normalement, il sera fixe et dédicacé.

300. L'autel, qu'il soit fixe ou mobile, sera dédicacé selon le rite du *Pontifical romain* ; cependant l'autel mobile pourra être simplement béni.

301. Selon une coutume et un symbolisme traditionnels dans l'Église, la table d'un autel fixe sera en pierre et même en pierre naturelle. Cependant, on pourra aussi employer, au jugement de la Conférence des évêques, un autre matériau digne, solide et bien travaillé. Les colonnes ou la base soutenant la table peuvent être en n'importe quel autre matériau, pourvu qu'il soit digne et solide.

L'autel mobile peut être construit en n'importe quelles matières nobles et solides, et qui, selon les traditions et les coutumes des diverses régions, conviennent à l'usage liturgique.

302. Il est opportun de garder l'usage de déposer sous l'autel à dédicacer des reliques de saints, même non martyrs. On veillera cependant à vérifier l'authenticité de ces reliques.

303. Dans la construction des églises nouvelles, il faut n'élever qu'un seul autel, qui soit le signe, au milieu de l'assemblée des fidèles, de l'unique Christ et de l'unique Eucharistie de l'Église.

Dans les églises déjà construites, lorsque la situation de l'ancien autel rend difficile la participation du peuple et qu'on ne peut le déplacer sans porter atteinte à sa valeur artistique, on édifiera un autre autel fixe, bâti avec art et qui sera dédicacé ; et c'est seulement sur cet autel que s'accompliront les célébrations

[9] *Cf. ibid.*

liturgiques. Pour éviter que l'attention des fidèles ne soit distraite du nouvel autel, on ne donnera pas à l'ancien d'ornementation particulière.

304. Par respect pour la célébration du mémorial du Seigneur et pour le banquet où nous sont donnés le Corps et le Sang du Seigneur, on mettra sur l'autel où l'on célèbre au moins une nappe blanche qui par sa forme, ses dimensions et sa décoration convienne à la structure de cet autel.

305. Pour décorer l'autel, on fera preuve de sobriété.

Pendant l'Avent, l'autel sera décoré de fleurs avec la sobriété qui convient au caractère de ce temps et sans anticiper la joie complète de la Nativité du Seigneur. Pendant le Carême, les fleurs à l'autel sont interdites, à l'exception du quatrième dimanche (*Laetare*), des solennités et des fêtes.

La décoration florale doit toujours être discrète et disposée autour de l'autel plutôt que sur la table.

306. On ne mettra sur la table de l'autel que ce qui est requis pour la célébration de la messe, c'est-à-dire l'Évangéliaire, depuis le début de la célébration jusqu'à la proclamation de l'Évangile ; et depuis la présentation des dons jusqu'à la purification des vases, le calice avec la patène, le ciboire si c'est nécessaire, enfin le corporal, le purificatoire, la pale et le Missel.

On disposera en outre de manière discrète ce qui pourrait être nécessaire pour amplifier la voix du prêtre.

307. Les chandeliers, qui sont requis pour chacune des actions liturgiques (*cf.* n. 117) afin d'exprimer notre vénération et le caractère festif de la célébration, seront placés, compte tenu de la structure de l'autel et du sanctuaire, ou bien sur l'autel, ou bien autour de lui, de manière à réaliser un ensemble harmonieux et

sans que les fidèles soient gênés pour bien voir ce qui se fait à l'autel ou ce que l'on y dépose.

308. De même, sur l'autel ou à proximité, il y aura une croix, bien visible pour l'assemblée et portant l'effigie du Christ crucifié. Il convient que cette croix demeure près de l'autel même en dehors des célébrations liturgiques, pour rappeler aux fidèles la passion rédemptrice du Seigneur.

L'ambon

309. La dignité de la parole de Dieu requiert qu'il y ait dans l'église un lieu adapté à sa proclamation et vers lequel, pendant la liturgie de la Parole, se tourne spontanément l'attention des fidèles [10].

Il convient en règle générale que ce lieu soit un ambon fixe et non un simple pupitre mobile. On aménagera l'ambon, en fonction des données architecturales de chaque église, de telle sorte que les fidèles voient et entendent bien les ministres ordonnés et les lecteurs.

C'est uniquement de l'ambon que sont proclamés les lectures, le psaume responsorial et l'annonce de la Pâque. On peut aussi y prononcer l'homélie et les intentions de la Prière universelle. La dignité de l'ambon exige que seul le ministre de la Parole y monte.

Il convient qu'un nouvel ambon soit béni avant d'être mis en service pour la liturgie, selon le rite prévu dans le *Rituel romain* [11].

[10] *Cf. ibid.*, n. 96.

[11] *Cf.* Rituel romain, *Livre des bénédictions*, bénédiction pour inaugurer un ambon, n. 900-918.

Le siège pour le prêtre célébrant et les autres sièges

310. Le siège du prêtre célébrant doit être le signe de la fonction de celui qui préside l'assemblée et dirige sa prière. Par conséquent, il sera bien placé s'il est tourné vers le peuple et situé dans l'axe du sanctuaire, à moins que la structure de l'édifice ou d'autres circonstances ne s'y opposent, par exemple si la trop grande distance rend difficile la communication entre le prêtre et l'assemblée des fidèles, ou si le tabernacle se trouve derrière l'autel, au milieu. On évitera toute apparence de trône [12]. Il convient que le siège soit béni avant d'être mis en service pour la liturgie, selon le rite prévu dans le *Rituel romain* [13].

On disposera aussi dans le sanctuaire des sièges pour les prêtres concélébrants, ainsi que pour les prêtres revêtus de l'habit de chœur qui participent à la célébration sans concélébrer.

On placera le siège du diacre près de celui du prêtre célébrant. Quant aux autres ministres, on disposera leurs sièges de manière à les distinguer clairement des sièges du clergé et pour qu'ils puissent accomplir facilement leurs fonctions [14].

III – AMÉNAGEMENT DE L'ÉGLISE

La place des fidèles

311. On aménagera la place destinée aux fidèles avec tout le soin désirable, pour qu'ils puissent participer comme il se doit, par le regard et par l'esprit, aux célébrations liturgiques. Il

[12] *Cf.* S. Cong. des Rites, Instr. *Inter Oecumenici*, n. 92 : DC (1964), n. 1435, p. 1374.

[13] *Cf.* Rituel romain, *Livre des bénédictions*, bénédiction pour inaugurer un siège épiscopal ou un siège de présidence, n. 880-899.

[14] *Cf.* S. Cong. des Rites, Instr. *Inter Oecumenici*, n. 92 : DC (1964), n. 1435, p. 1374.

convient ordinairement de mettre à leur disposition des bancs ou des chaises. On doit réprouver l'usage de réserver des sièges à certaines personnes privées [15]. La disposition des bancs ou des chaises, notamment dans les églises nouvellement construites, permettra aux fidèles d'adopter facilement les attitudes requises par les différents moments de la célébration et de se déplacer sans encombre pour aller recevoir la sainte Communion.

On veillera à ce que les fidèles puissent non seulement voir le prêtre, le diacre et les lecteurs, mais encore, grâce aux moyens techniques modernes, les entendre aisément.

La place de la chorale et des instruments de musique

312. Selon la disposition de chaque église, on placera la chorale de telle sorte qu'apparaisse clairement sa nature : elle fait partie de l'assemblée des fidèles réunie dans l'église et elle a une fonction particulière qu'elle remplira ainsi plus aisément ; on fera en sorte qu'à la messe chacun de ses membres puisse pleinement participer au Sacrement [16].

313. L'orgue et les autres instruments de musique légitimement approuvés seront installés dans un endroit approprié pour qu'ils puissent soutenir le chant aussi bien du peuple que de la chorale et, s'ils jouent seuls, qu'ils puissent être bien entendus par tous. Il convient que l'orgue soit béni avant d'être mis en service pour la liturgie, selon le rite prévu dans le *Rituel romain* [17].

Pendant l'Avent, on se servira de l'orgue et des autres instruments de musique avec la discrétion qui convient au caractère de ce temps et sans anticiper sur la joie complète de la Nativité du Seigneur.

[15] *Cf. Const. lit.*, art. 32.

[16] *Cf.* S. Cong. des Rites, Instr. *Musicam sacram*, n. 23.

[17] *Cf.* Rituel romain, *Livre des bénédictions*, bénédiction d'un orgue, n. 1052-1067.

Pendant le Carême, l'orgue et les autres instruments ne sont autorisés que pour soutenir le chant, à l'exception du quatrième dimanche (*Laetare*), des solennités et des fêtes.

Le lieu de la réserve eucharistique

314. En fonction des données architecturales de l'église et conformément aux coutumes locales légitimes, la sainte Eucharistie sera conservée dans un tabernacle placé dans un lieu très noble, insigne, bien visible, bien décoré et permettant la prière [18].

Le tabernacle sera normalement unique, fixe, fait d'un matériau solide et à l'abri des effractions, non transparent et si bien fermé que soit évité au maximum tout danger de profanation [19]. Il convient de plus que le tabernacle soit béni avant d'être mis en service pour la liturgie, selon le rite prévu dans le *Rituel romain* [20].

315. Il est plus conforme à la vérité du signe que le tabernacle, où la très sainte Eucharistie est conservée, ne soit pas sur l'autel où la messe est célébrée [21].

Il faut donc que le tabernacle soit placé, au jugement de l'évêque diocésain :

a) Soit dans le sanctuaire, en dehors de l'autel de la célébration, sous la forme et dans un endroit qui conviennent mieux,

[18] *Cf.* S. Cong. des Rites, Instr. *Eucharisticum Mysterium*, n. 54 : DC (1967), n. 1496, p. 1117-1118 ; Instr. *Inter Oecumenici*, n. 95 : DC (1964), n. 1435, p. 1375.

[19] *Cf.* S. Cong. des Rites, Instr. *Eucharisticum Mysterium*, n. 52 : DC (1967), n. 1496, p. 1117 ; Instr. *Inter Oecumenici*, n. 95 : DC (1964), n. 1435, p. 1375 ; S. Cong. pour les sacrements, Instr. *Nullo unquam tempore*, du 28 mai 1938, n. 4 : *AAS* 30 (1938), p. 199-200 ; Rituel romain, *Rituel de l'Eucharistie en dehors de la messe*, n. 10-11 ; *Code de droit canonique*, can. 938, § 3.

[20] *Cf.* Rituel romain, *Livre des bénédictions*, bénédiction pour inaugurer un tabernacle, n. 919-929.

[21] *Cf.* S. Cong. des Rites, Instr. *Eucharisticum Mysterium*, n. 55 : DC (1967), n. 1496, p. 1118.

sans exclure l'ancien autel qui ne servirait plus à la célébration (*cf.* n. 303).

b) Soit encore dans un oratoire adapté à l'adoration et à la prière personnelle des fidèles [22], qui dépende architecturalement de l'église et qui soit bien visible des fidèles.

316. Selon la coutume traditionnelle, une lampe spéciale, alimentée avec de l'huile ou de la cire, brillera en permanence près du tabernacle, pour signaler et honorer la présence du Christ [23].

317. De plus, on n'oubliera aucunement tout ce qui est prescrit, selon les normes du droit, sur la réserve eucharistique [24].

Les images saintes

318. Dans la liturgie terrestre, l'Église a un avant-goût de la liturgie céleste qui se célèbre dans la Cité sainte de Jérusalem vers laquelle tend son pèlerinage, là où le Christ siège à la droite de Dieu, et en vénérant la mémoire des saints, elle espère partager un jour leur compagnie [25].

C'est pourquoi, selon une très ancienne tradition de l'Église, les images du Seigneur, de la bienheureuse Vierge Marie et des saints, sont proposées à la vénération des fidèles dans les édifices

[22] *Cf. ibid.*, n. 53 : DC (1967), n. 1496, p. 1117 ; Rituel romain, *Rituel de l'Eucharistie en dehors de la messe*, n. 9 ; *Code de droit canonique*, can. 938, § 2 ; Jean-Paul II, Lettre *Dominicae Cenae* du 24 février 1980, n. 3 : DC (1980), n. 1783, p. 302.

[23] *Cf. Code de droit canonique*, can. 940 ; S. Cong. des Rites, Instr. *Eucharisticum Mysterium*, n. 57 : DC (1967), n. 1496, p. 1118 ; Rituel romain, *Rituel de l'Eucharistie en dehors de la messe*, n. 11.

[24] *Cf.* surtout S. Cong. pour les sacrements, Instr. *Nullo unquam tempore* : *AAS* 30 (1938), p. 198-207 ; *Code de droit canonique*, can. 934-944.

[25] *Cf. Const. lit.*, art. 8.

religieux[26] ; elles y sont disposées de manière à conduire les fidèles vers les mystères de la foi qui y sont célébrés. Ainsi, veillera-t-on à ne pas les multiplier sans discernement et à les disposer de manière à ne pas détourner l'attention des fidèles de la célébration elle-même[27]. On n'aura normalement pas plus d'une seule image du même saint. D'une façon générale, dans l'ornementation et l'aménagement de l'église en ce qui concerne les images, on aura en vue la piété de toute la communauté ainsi que la beauté et la dignité des images.

[26] *Cf.* Pontifical romain, *Rituel de la Dédicace*, chap. 4, n. 10 ; Rituel romain, *Livre des bénédictions*, bénédiction d'une image destinée à la vénération publique, n. 984-1031.

[27] *Cf. Const. lit.*, art. 125.

Chapitre VI

CE QUI EST REQUIS POUR LA CÉLÉBRATION DE LA MESSE

I – LE PAIN ET LE VIN DESTINÉS À LA CÉLÉBRATION EUCHARISTIQUE

319. Fidèle à l'exemple du Christ, l'Église a toujours employé le pain et le vin avec de l'eau pour célébrer le banquet du Seigneur.

320. Le pain destiné à la célébration eucharistique doit être du pain de pur froment, de confection récente, et, selon la tradition ancienne de l'Église latine, du pain azyme.

321. La vérité du signe demande que la matière de la célébration eucharistique apparaisse vraiment comme une nourriture. Il convient donc que le pain eucharistique, tout en étant azyme et confectionné selon la forme traditionnelle, soit tel que le prêtre, à la messe célébrée avec peuple, puisse vraiment rompre l'hostie en plusieurs morceaux et les distribuer au moins à quelques fidèles. Cependant, on n'exclut aucunement les petites hosties quand le nombre des communiants et d'autres motifs pastoraux en exigent l'emploi. Mais le geste de la fraction du pain, qui désignait à lui seul l'Eucharistie à l'âge apostolique, manifestera plus clairement la valeur et l'importance du signe de l'unité de tous en un seul pain et du signe de la charité, du fait qu'un seul pain est partagé entre frères.

322. Le vin de la célébration eucharistique doit provenir du fruit de la vigne (*cf.* Lc 22, 18), être naturel et pur, c'est-à-dire sans mélange de substances étrangères.

323. On prendra soin de conserver en parfait état le pain et le vin destinés à l'Eucharistie. On veillera donc à ce que le vin n'aigrisse pas, à ce que le pain ne se gâte ni ne durcisse trop, ce qui rendrait difficile le geste de la fraction.

324. Il peut arriver que le prêtre, après la consécration ou quand il communie, s'aperçoive qu'il n'avait pas versé du vin mais de l'eau dans le calice ; qu'il vide alors cette eau dans un récipient et qu'il verse du vin avec de l'eau dans le calice ; il le consacrera en disant la partie du récit de l'Institution qui se rapporte au calice, sans avoir à consacrer le pain à nouveau.

II – LE MOBILIER LITURGIQUE EN GÉNÉRAL

325. Pour la construction des églises, comme pour tout ce qui se rapporte au mobilier liturgique, l'Église accepte l'art de chaque région et accueille les adaptations au génie et aux traditions des différents peuples, pourvu qu'effectivement tout corresponde bien à l'usage auquel est destiné le mobilier liturgique [1].

Dans ce domaine aussi, on recherchera cette noble simplicité qui s'allie parfaitement à l'art véritable.

326. Dans le choix des matériaux destinés au mobilier liturgique, en plus de ceux que l'usage a rendus traditionnels, on peut

[1] *Cf. ibid.*, art. 128.

admettre aussi ceux que, selon l'esprit de notre temps, on estime nobles (*cf.* n. 390), qui sont durables et bien adaptés à l'usage liturgique. Pour chaque région, c'est la Conférence des évêques qui sera juge en la matière.

III – LES VASES SACRÉS

327. Parmi les objets requis pour célébrer la messe, on honore tout spécialement les vases sacrés et, parmi eux, le calice et la patène dans lesquels le vin et le pain sont offerts, consacrés et consommés.

328. Les vases sacrés seront en métal noble. S'ils sont faits d'un métal susceptible de rouiller ou qui soit moins noble que l'or, ils seront normalement dorés à l'intérieur.

329. Au jugement de la Conférence des évêques, après confirmation des actes par le Siège apostolique, les vases sacrés peuvent être faits aussi en d'autres matières solides que, dans cette région, tout le monde juge nobles, comme l'ébène ou d'autres bois durs, pourvu que ces matières conviennent à l'usage sacré. Dans ce cas, on donnera toujours la préférence aux matières qui ne se brisent ni ne s'altèrent facilement. Cela vaut aussi pour tous les vases sacrés destinés à recevoir les hosties, comme la patène, le ciboire, la custode, l'ostensoir et autres du même genre.

330. Les calices et les autres vases destinés à recevoir le Sang du Seigneur auront leur coupe en une matière non poreuse. Quant au pied, il pourra être fait d'autres matières, solides et dignes.

331. Pour la consécration des hosties, on peut employer fort à propos une patène assez grande, dans laquelle on mettra non seulement le pain pour le prêtre et le diacre mais aussi celui pour les autres ministres et les fidèles.

332. Quant à la forme des vases sacrés, l'artiste peut choisir celle qui correspond aux habitudes de chaque région, pourvu que chacun de ces vases soit adapté à l'usage liturgique, auquel il est destiné, et qu'on le distingue clairement des vases à usage quotidien.

333. Pour la bénédiction des vases sacrés, on observera les rites prescrits par les livres liturgiques [2].

334. On maintiendra la coutume d'installer dans la sacristie une piscine pour y verser l'eau d'ablution des vases et des linges sacrés (*cf.* n. 280).

IV – LES VÊTEMENTS LITURGIQUES

335. Dans l'Église, qui est le Corps du Christ, tous les membres n'exercent pas la même fonction. Cette diversité des ministères dans la célébration de l'Eucharistie se manifeste extérieurement par la diversité des vêtements liturgiques, qui doivent donc être le signe de la fonction propre à chaque ministre. Il faut cependant que ces vêtements contribuent aussi à la beauté de l'action liturgique. Il convient que les vêtements liturgiques des prêtres et des diacres, ainsi que des ministres laïcs, soient bénis avant de servir pour la liturgie, selon le rite prévu dans le *Rituel romain* [3].

336. Le vêtement liturgique commun aux ministres ordonnés et institués de tout degré est l'aube, serrée autour des reins par le cordon, à moins qu'elle ne soit confectionnée de telle manière

[2] *Cf.* Pontifical romain, *Rituel de la Dédicace*, chap. 7, bénédiction du calice et de la patène ; Rituel romain, *Livre des bénédictions*, bénédiction d'objets pour le culte, n. 1068-1084.

[3] *Cf.* Rituel romain, *Livre des bénédictions*, bénédiction d'objets pour le culte, n. 1070.

qu'elle puisse s'ajuster même sans cordon. On mettra un amict avant de revêtir l'aube si celle-ci ne recouvre pas parfaitement l'habit commun autour du cou. On ne peut pas remplacer l'aube par le surplis, même sur la soutane, lorsque l'on doit revêtir la chasuble ou la dalmatique ou, selon les prescriptions, l'étole seule sans la chasuble ou la dalmatique.

337. Le vêtement propre au prêtre célébrant, pour la messe et les autres actions sacrées en lien direct avec la messe, est la chasuble, à moins que ne soit prévu un autre vêtement à porter par-dessus l'aube et l'étole.

338. Le vêtement propre au diacre est la dalmatique qu'il doit revêtir par-dessus l'aube et l'étole ; en cas de nécessité pourtant ou pour un moindre degré de solennité, il peut ne pas la mettre.

339. Les acolytes, les lecteurs et les autres ministres laïcs peuvent porter l'aube ou un autre vêtement approuvé dans leur région par la Conférence des évêques (*cf.* n. 390).

340. Le prêtre porte l'étole autour du cou et la laisse pendre devant la poitrine ; le diacre la porte en sautoir, en travers de la poitrine, de l'épaule gauche au côté droit du corps, où elle se ferme.

341. Le pluvial ou chape, est utilisé par le prêtre lors des processions et autres actions liturgiques, selon les rubriques propres à chaque rite.

342. En ce qui concerne la forme des vêtements liturgiques, les Conférences des évêques peuvent définir et proposer au Siège apostolique les adaptations correspondant aux besoins et aux habitudes de chaque pays [4].

343. Pour la confection des vêtements liturgiques, outre les matières traditionnelles, on peut employer les fibres naturelles

[4] *Cf. Const. lit.*, art. 128.

propres à chaque pays, ainsi que certaines fibres artificielles pourvu qu'elles conviennent à la dignité de l'action sacrée et de celui qui l'accomplit. En ce domaine, la Conférence des évêques sera juge [5].

344. La beauté et la noblesse du vêtement ne doivent pas tenir à l'abondance des ornements surajoutés, mais à la matière employée et à la forme du vêtement. Celui-ci pourra présenter des motifs, des images ou des symboles qui indiquent un usage sacré et l'on écartera ceux qui jureraient avec lui.

345. La variété des couleurs pour les vêtements liturgiques vise à exprimer efficacement et visiblement ce qui caractérise les mystères de foi que l'on célèbre et par suite le sens de la vie chrétienne qui progresse à travers le déroulement de l'année liturgique.

346. En ce qui concerne l'emploi de diverses couleurs des vêtements liturgiques, on observera l'usage reçu, c'est-à-dire :

a) On emploie le blanc aux offices et aux messes du Temps pascal et du temps de Noël ; en outre, aux célébrations du Seigneur qui ne sont pas celles de sa Passion, à celles de la bienheureuse Vierge Marie, des Anges, des saints qui ne sont pas martyrs, aux solennités de tous les saints (1er novembre) et de saint Jean Baptiste (24 juin), aux fêtes de saint Jean l'évangéliste (27 décembre), de la Chaire de saint Pierre (22 février) et de la conversion de saint Paul (25 janvier).

b) On emploie le rouge le dimanche de la Passion et le Vendredi saint, le dimanche de la Pentecôte, aux célébrations de la passion du Seigneur, aux fêtes de la naissance au ciel des Apôtres et des évangélistes et aux célébrations de martyrs.

c) On emploie le vert aux offices et aux messes du Temps ordinaire (*per annum*).

[5] *Cf. ibid.*

d) On emploie le violet aux temps de l'Avent et du Carême. On peut aussi le prendre pour les offices et les messes des défunts.

e) On peut employer le noir aux messes des défunts, là où c'est la coutume.

f) On peut employer le rose, là où c'est l'usage, au troisième dimanche de l'Avent (*Gaudete*) et au quatrième dimanche de Carême (*Laetare*).

g) Aux jours les plus solennels, on peut employer des vêtements liturgiques festifs et particulièrement beaux, même s'ils ne sont pas de la couleur du jour.

Cependant les Conférences des évêques peuvent, en ce qui concerne les couleurs liturgiques, déterminer et proposer au Siège apostolique des adaptations qui correspondent aux besoins et à la mentalité des peuples.

347. On célèbre les messes rituelles avec leur couleur propre ou bien en blanc ou en couleur de fête. On célèbre les messes pour intentions et circonstances diverses avec la couleur propre du jour ou du temps, ou bien en violet si elles ont un caractère pénitentiel (par ex. n. 31, 33, 38). On dit les messes votives avec la couleur qui convient à la messe célébrée ou bien avec la couleur propre du jour ou du temps.

V – LES AUTRES OBJETS EMPLOYÉS À L'ÉGLISE

348. Outre les vases sacrés ou les vêtements liturgiques, pour lesquels une matière déterminée est fixée, tout le reste du mobilier destiné à un usage liturgique proprement dit[6] ou qui est admis dans l'église à un autre titre, doit être digne et répondre à sa destination.

[6] Pour la bénédiction des objets destinés à l'usage liturgique dans les églises, *cf.* Rituel romain, *Livre des bénédictions*, 3e partie.

349. Il faut veiller tout particulièrement à ce que les livres liturgiques, surtout l'Évangéliaire et le Lectionnaire, destinés à la proclamation de la parole de Dieu et jouissant par conséquent d'une vénération particulière, soient vraiment dans l'action liturgique signes et symboles des réalités célestes, et donc vraiment dignes, nobles et beaux.

350. On apportera en outre tout le soin requis à ce qui touche directement l'autel et la célébration eucharistique, par exemple la croix de l'autel et la croix de procession.

351. On s'efforcera de respecter sérieusement les exigences de l'art même pour les objets de moindre importance, dans lesquels une noble simplicité s'associera toujours à la propreté.

Chapitre VII

CHOIX DE LA MESSE ET DE SES DIFFÉRENTES PARTIES

352. L'efficacité pastorale de la célébration sera certainement accrue si les textes des lectures, des prières et des chants correspondent bien, dans la mesure du possible, et à l'état de préparation spirituelle et à la mentalité des participants. C'est ce qu'on obtiendra au mieux si l'on profite des multiples possibilités de choix qui vont être énumérées ci-dessous.

Par conséquent, le prêtre, en organisant la messe, considérera davantage le bien spirituel du peuple de Dieu que ses inclinations personnelles. Il se rappellera en outre que ce choix des différentes parties devra se faire en accord avec tous ceux qui jouent un rôle dans la célébration, sans exclure aucunement les fidèles pour ce qui les concerne plus directement.

Puisque des facultés multiples sont offertes pour le choix des différentes parties de la messe, il est nécessaire que, avant la célébration, le diacre, les lecteurs, le psalmiste, le chantre, le commentateur, la chorale, chacun pour sa partie, sache bien quel texte, en ce qui le concerne, va être employé et que rien ne soit laissé à l'improvisation du moment. En effet, une organisation et une exécution harmonieuse des rites facilitent beaucoup la participation des fidèles à l'Eucharistie.

I – CHOIX DE LA MESSE

353. Aux solennités, le prêtre est tenu de suivre le calendrier de l'église où il célèbre.

354. Les dimanches, aux féries de l'Avent, du temps de Noël, du Carême et du Temps pascal, aux fêtes et aux mémoires obligatoires :

a) Si la messe est célébrée avec peuple, le prêtre suivra le calendrier de l'église où il célèbre.

b) Si la messe est célébrée avec la participation d'un seul ministre, le prêtre peut choisir ou le calendrier de l'église ou son calendrier propre.

355. Les mémoires facultatives :

a) Aux féries de l'Avent du 17 au 24 décembre, aux jours dans l'octave de Noël et aux féries du Carême, à l'exception des féries du mercredi des Cendres et de la Semaine sainte, le prêtre dit la messe du jour occurrent ; cependant, s'il y a ce jour-là une mémoire inscrite au calendrier général, il peut en prendre la prière d'ouverture (Collecte), pourvu que ce ne soit pas le mercredi des Cendres ou un jour de la Semaine sainte. Aux féries du Temps pascal, on peut à bon droit célébrer intégralement la mémoire des saints.

b) Aux féries de l'Avent avant le 17 décembre, aux féries du temps de Noël à partir du 2 janvier et à celles du Temps pascal, le prêtre peut choisir soit la messe de la férie, soit la messe du saint ou de l'un des saints dont on fait mémoire, soit la messe d'un saint inscrit ce jour-là au martyrologe.

c) Aux féries du Temps ordinaire (*per annum*), le prêtre peut choisir soit la messe de la férie, soit la messe d'une mémoire facultative qui tomberait ce jour-là, soit la messe d'un saint figurant au martyrologe ce même jour, soit une messe pour diverses circonstances ou une messe votive.

S'il célèbre avec peuple, le prêtre veillera à ne pas omettre trop souvent et sans motif suffisant les lectures assignées pour chaque jour au Lectionnaire férial, car l'Église désire que la table de la parole de Dieu soit offerte aux fidèles dans sa plus grande richesse [1].

Pour la même raison, il ne prendra pas trop souvent les messes des défunts, car toutes les messes sont offertes aussi bien pour les vivants que pour les morts et chaque prière eucharistique comporte la mémoire des défunts.

Là où les fidèles sont attachés aux mémoires facultatives de la bienheureuse Vierge Marie ou des saints, il satisfera leur légitime piété.

Puisqu'il est permis de choisir entre une mémoire marquée au calendrier général et une mémoire insérée dans le calendrier diocésain ou religieux, on préférera, toutes choses égales d'ailleurs et conformément à la Tradition, la mémoire particulière.

II – CHOIX DES PARTIES DE LA MESSE

356. Pour choisir les textes des différentes parties de la messe, aussi bien du temps que des saints, on observera les normes suivantes.

Les lectures

357. Trois lectures sont assignées aux dimanches et solennités : le Prophète, l'Apôtre et l'Évangile, qui font comprendre au peuple chrétien la continuité de l'œuvre du salut, selon

[1] *Cf. Const. lit.*, art. 51.

l'admirable plan de Dieu. Ces lectures doivent être strictement utilisées. Au Temps pascal, selon la tradition de l'Église, la première lecture est tirée des Actes des Apôtres et non de l'Ancien Testament.

Deux lectures sont assignées aux fêtes. Mais si la fête est élevée, selon les normes, au degré de solennité, on en ajoute une troisième prise au commun.

Aux mémoires des saints, à moins qu'ils n'aient des lectures propres, on lit habituellement les lectures assignées à la férie. Dans certains cas, on propose des lectures appropriées, c'est-à-dire qui mettent en lumière un aspect particulier de la vie spirituelle ou de l'activité du saint. On n'imposera pas l'usage de ces lectures, sauf si une raison pastorale y invitait vraiment.

358. Le Lectionnaire férial propose des lectures pour chaque jour de la semaine pendant toute l'année. Ce sont donc ces lectures qu'on prendra le plus souvent, les jours auxquels elles sont assignées, à moins qu'il n'y ait ce jour-là une solennité ou une fête, ou une mémoire avec des lectures propres du Nouveau Testament, c'est-à-dire où l'on trouve mention du saint célébré.

Mais si la lecture continue de la semaine est interrompue à cause d'une solennité, d'une fête ou de quelque célébration particulière, il sera permis au prêtre, en considérant l'organisation des lectures de toute la semaine, ou bien de réunir aux autres les passages qu'il devra omettre, ou bien de décider quels textes doivent l'emporter sur d'autres.

Dans les messes pour des groupes particuliers, il est permis au prêtre de lire des textes mieux adaptés à la célébration particulière, pourvu qu'on les choisisse dans un Lectionnaire approuvé.

359. On trouve en outre un choix particulier de textes de la sainte Écriture dans le Lectionnaire pour les messes rituelles au cours desquelles on célèbre des sacrements ou des sacramentaux, ou bien qui sont célébrées pour certains besoins.

Ces Lectionnaires ont été composés afin d'amener les fidèles, par une écoute plus adaptée de la parole de Dieu, à comprendre plus profondément le mystère auquel ils participent et de les former à un amour plus vif de la parole de Dieu.

On doit par conséquent choisir les textes qui sont proclamés dans l'assemblée liturgique en tenant compte d'une pastorale adaptée aussi bien que des possibilités de choix laissées en ce domaine.

360. Le même texte est parfois proposé dans une forme longue et une forme brève. Pour choisir entre les deux, on aura en vue le critère pastoral. Il faudra donc être attentif à la capacité des fidèles d'écouter avec fruit la lecture plus ou moins longue, à leur capacité d'écouter avec fruit le texte le plus complet, que l'homélie devra expliquer [2].

361. Quand la faculté est donnée de choisir entre un texte et un autre déjà déterminé ou proposé au choix, on sera attentif au bien des participants, qu'il s'agisse de prendre un texte plus facile ou mieux adapté à l'assemblée, ou bien de répéter ou de laisser un texte qui est assigné comme propre à une célébration et proposé à une autre facultative, chaque fois que l'utilité pastorale y invite [3].

Cela peut arriver soit quand le même texte doit être lu de nouveau à des jours proches, par exemple un dimanche et le jour suivant, soit quand on craint qu'un texte ne cause quelques difficultés dans un groupe donné de fidèles. On veillera cependant, dans le choix des textes de la sainte Écriture, à ne pas en exclure continuellement certains passages.

[2] *Cf. Lectionnaire romain*, Présentation générale du Lectionnaire romain, art. 80.
[3] *Ibid.*, art. 81.

362. Outre les facultés signalées ci-dessus de choisir des textes plus adaptés, les Conférences des évêques peuvent, dans des circonstances particulières, indiquer certaines adaptations en ce qui concerne les lectures, sous réserve pourtant que les textes en soient choisis dans un lectionnaire dûment approuvé.

Les oraisons

363. À chaque messe, sauf indication contraire, on dit les oraisons propres à cette messe.

Aux mémoires des saints, on dit la prière d'ouverture (Collecte) propre ou, à son défaut, une du commun approprié. Quant aux prières sur les offrandes et après la Communion, à moins qu'elles ne soient propres, on peut les prendre soit au commun, soit aux féries du temps en cours.

Aux féries du Temps ordinaire (*per annum*), outre les oraisons du dimanche précédent, on peut prendre soit les oraisons d'un autre dimanche du Temps ordinaire, soit l'une des oraisons pour intentions et circonstances diverses rassemblées dans le Missel. Mais il sera toujours permis de n'emprunter, pour ces messes, que la prière d'ouverture (Collecte).

On dispose ainsi d'une quantité accrue de textes dont la prière des fidèles peut se nourrir avec plus d'abondance.

Cependant, aux temps forts de l'année, cette adaptation est déjà réalisée par les oraisons propres à ces temps qui se trouvent au Missel pour chaque jour.

La Prière eucharistique

364. La plupart des Préfaces dont le *Missel romain* est doté visent à faire mieux ressortir les motifs de l'action de grâce dans la Prière eucharistique et à mettre davantage en lumière les différents aspects du mystère du salut.

365. Le choix entre les Prières eucharistiques qui se trouvent dans la liturgie de la messe est réglé à titre indicatif par les normes que voici :

a) La Prière eucharistique I, ou Canon romain, qui peut toujours être employée, est plus indiquée les jours auxquels sont assignés des *Communicantes* propres ou bien aux messes dotées d'un *Hanc igitur* propre, ainsi qu'aux fêtes des Apôtres et des saints mentionnés dans le texte de cette Prière ; de même les dimanches, à moins que, pour des motifs pastoraux, on ne préfère la prière eucharistique III.

b) La Prière eucharistique II, en raison de ses caractéristiques, est plus indiquée pour les jours de semaine ou dans des circonstances particulières. Bien qu'elle comporte une Préface propre, on peut l'employer aussi avec d'autres Préfaces, surtout avec celles qui rappellent en abrégé le mystère du salut, comme les Préfaces communes. Quand on célèbre la messe pour un défunt, on peut employer une formule particulière qui est proposée en son lieu, c'est-à-dire avant *Memento etiam* (Souviens-toi aussi de nos frères).

c) La Prière eucharistique III peut être dite avec n'importe quelle Préface. On l'emploiera de préférence les dimanches et jours de fête. Si on prend cette prière pour une messe des défunts, on peut insérer en son lieu une formule particulière pour le défunt, c'est-à-dire après les mots : *Omnes filios tuos ubique dispersos, tibi, clemens Pater, miseratus coniunge* (Et ramène à toi, Père très aimant, tous tes enfants dispersés).

d) La Prière eucharistique IV a une Préface immuable et offre un résumé plus complet de l'histoire du salut. On peut l'employer quand la messe n'a pas de Préface propre et les dimanches du Temps ordinaire (*per annum*). Dans cette Prière, en raison de sa structure, il est impossible d'insérer une formule particulière pour un défunt.

Les chants

366. Il n'est pas permis de substituer d'autres chants aux chants placés dans la liturgie de la messe, comme par exemple l'*Agnus Dei* (Agneau de Dieu).

367. Pour choisir les chants qui trouvent place entre les lectures, ainsi que les chants d'entrée, d'offertoire et de Communion, on suivra les normes qui sont établies ci-dessus (*cf.* n. 40-41, 47-48, 61-64, 74, 86-88).

Chapitre VIII

MESSES ET ORAISONS POUR DES INTENTIONS DIVERSES, MESSES DES DÉFUNTS

I – MESSES ET ORAISONS POUR DES INTENTIONS DIVERSES

368. Puisque la liturgie des sacrements et des sacramentaux fait que, chez les fidèles bien disposés, presque tous les événements de la vie sont sanctifiés par la grâce divine qui découle du mystère pascal [1], et puisque l'Eucharistie est le Sacrement des sacrements, le Missel fournit des modèles de messes et d'oraisons qu'en diverses occasions de la vie chrétienne on peut employer pour les besoins du monde entier, de l'Église universelle et de l'Église locale.

369. Si l'on considère la possibilité élargie de choisir les lectures et les oraisons, il convient d'employer avec mesure ces messes pour intentions diverses, c'est-à-dire quand les circonstances l'exigent.

370. Dans toutes les messes pour des intentions diverses, sauf indication contraire expresse, on peut employer, si elles s'accordent

[1] *Cf. Const. lit.*, art. 61.

avec la célébration, les lectures de la férie avec les chants qui s'y intercalent.

371. Les messes pour des intentions diverses comprennent les messes rituelles, les messes pour intentions ou circonstances diverses, les messes votives.

372. Les messes rituelles sont liées à la célébration de certains sacrements ou sacramentaux. Elles sont interdites les dimanches de l'Avent, du Carême et du Temps pascal, aux solennités, pendant l'octave de Pâques, le 2 novembre, le mercredi des Cendres et pendant la Semaine sainte, en observant par ailleurs les règles qui sont données dans les rituels ou dans ces messes elles-mêmes.

373. Les messes pour intentions et circonstances diverses sont employées pour des besoins qui peuvent survenir soit occasionnellement, soit à dates fixes. Parmi ces messes, l'autorité compétente peut choisir les messes pour les prières publiques dont la célébration, au cours de l'année, sera décidée par la Conférence des évêques.

374. En cas de besoin ou d'utilité pastorale particulièrement importante, la messe correspondante peut être célébrée, sur l'ordre ou avec la permission de l'évêque diocésain, tous les jours, sauf aux solennités, aux dimanches de l'Avent, du Carême et du Temps pascal, pendant l'octave de Pâques, le 2 novembre, le mercredi des Cendres et pendant la Semaine sainte.

375. Les messes votives des mystères du Seigneur ou en l'honneur de la bienheureuse Vierge Marie, des anges, de tel saint ou de tous les saints, peuvent être dites pour la piété des fidèles les jours de férie du Temps ordinaire (*per annum*), même s'il y a ce jour-là une mémoire facultative. Mais on ne peut pas célébrer comme messes votives les messes qui se rapportent aux mystères de la vie du Seigneur ou de la bienheureuse Vierge Marie, excepté la messe de son Immaculée Conception, parce que leur célébration est liée au cours de l'année liturgique.

376. Les messes pour intentions et circonstances diverses et les messes votives sont prohibées les jours de mémoire obligatoire, ainsi qu'aux féries de l'Avent jusqu'au 16 décembre, du temps de Noël depuis le 2 janvier et du Temps pascal après l'octave de Pâques. Cependant, si un besoin ou une utilité pastorale véritable le demande, on peut prendre, dans la célébration avec peuple, la messe correspondant à ce besoin ou à cette utilité, au jugement du recteur de l'église ou même du prêtre célébrant.

377. Aux féries du Temps ordinaire (*per annum*) comportant une mémoire facultative ou bien quand on fait l'office de la férie, il est permis de célébrer n'importe quelle messe ou d'employer n'importe quelle oraison pour des intentions diverses, excepté cependant les messes rituelles.

378. La mémoire facultative de sainte Marie les samedis du Temps ordinaire (*per annum*) est particulièrement recommandée, car dans la liturgie de l'Église, en premier lieu et avant tous les saints, la vénération s'adresse à la Mère du Rédempteur [2].

II – MESSES DES DÉFUNTS

379. L'Église offre le sacrifice eucharistique de la Pâque du Christ pour les défunts afin que, en raison de la communion qui unit tous les membres du Christ, l'aide spirituelle obtenue pour les uns apporte aux autres la consolation de l'espérance.

[2] *Cf.* Const. dogm. sur l'Église, *Lumen gentium*, art. 54 ; Paul VI, Exhortation apostolique *Marialis cultus*, du 2 février 1974, art. 9 : DC (1974), n. 1651, p. 304.

380. Parmi les messes des défunts, la messe des obsèques occupe la première place ; elle peut être célébrée tous les jours, sauf aux solennités de précepte, le Jeudi saint, le *Triduum* pascal et les dimanches de l'Avent, du Carême et du Temps pascal. On doit de plus observer tout ce qui est prescrit, selon la norme du droit[3].

381. À l'annonce d'un décès, ou pour la dernière sépulture du défunt, ou le jour du premier anniversaire, on peut célébrer la messe des défunts, même pendant l'octave de Noël et les jours de mémoire obligatoire ou de férie sauf le mercredi des Cendres, et pendant la Semaine sainte.

Les autres messes des défunts, dites quotidiennes, peuvent se célébrer les jours du Temps ordinaire (*per annum*) où l'on a une mémoire facultative ou bien si l'on célèbre l'office de la férie, pourvu qu'elles soient vraiment célébrées à l'intention des défunts.

382. Aux messes des obsèques, on fera ordinairement une brève homélie, en évitant toutefois toute apparence d'éloge funèbre.

383. On encouragera les fidèles, surtout les membres de la famille du défunt, à participer, y compris par la Communion, au sacrifice eucharistique offert pour le défunt.

384. Si la messe des obsèques fait partie du rite des obsèques, lorsque l'on aura dit la prière après la Communion et en omettant les rites de conclusion, on accomplira le rite de la dernière recommandation, ou dernier adieu. Ce rite ne se célèbre qu'en présence du corps.

[3] *Cf.* surtout *Code de droit canonique*, can. 1176-1185 ; et Rituel romain, *Rituel des funérailles*.

385. En organisant et en choisissant les parties variables de la messe des défunts, surtout de la messe des obsèques (par exemple les oraisons, les lectures, la Prière universelle), on tiendra compte, comme il est juste, des motifs pastoraux relatifs au défunt, à sa famille et à l'assistance.

De plus, les pasteurs tiendront spécialement compte de ceux qui, à l'occasion d'obsèques, assistent à des célébrations liturgiques ou entendent l'Évangile, alors qu'ils ne sont pas catholiques, ou bien sont des catholiques qui ne participent jamais ou presque jamais à l'Eucharistie, ou encore qui semblent avoir perdu la foi, car les prêtres sont les ministres de l'Évangile du Christ pour tous.

Chapitre IX

ADAPTATIONS QUI RELÈVENT DES ÉVÊQUES ET DE LEURS CONFÉRENCES

386. La révision du *Missel romain*, effectuée en notre temps conformément aux décrets du IIe concile œcuménique du Vatican, a veillé avec soin à ce que tous les fidèles puissent apporter, dans la célébration eucharistique, cette participation pleine, consciente et active, qui est demandée par la nature de la liturgie elle-même et qui est pour eux, en vertu de leur condition, un droit et un devoir [1].

Pour que la célébration corresponde plus pleinement aux normes et à l'esprit de la sainte liturgie, on trouve proposées dans cette *Présentation* et dans la liturgie de la messe quelques autres adaptations ultérieures, qui sont remises au jugement soit de l'évêque diocésain soit de la Conférence des évêques.

387. L'évêque diocésain, qui « doit être considéré comme le grand prêtre de son troupeau, de qui découle et dépend en quelque manière la vie des fidèles dans le Christ » [2], doit favoriser la vie liturgique dans son diocèse, la régler et veiller sur elle. C'est à lui que, dans cette *Présentation*, est confié le soin de régler la discipline de la concélébration (*cf.* n. 202, 374), d'établir des

[1] *Cf. Const. lit.*, art. 14.
[2] *Cf. ibid.*, art. 41.

normes sur la fonction de servir le prêtre à l'autel (*cf.* n. 107), sur la distribution de la Communion sous les deux espèces (*cf.* n. 283), sur la construction et la disposition des églises (*cf.* n. 291). Mais c'est à lui qu'il revient en premier lieu de nourrir les prêtres, les diacres et les fidèles de l'esprit de la liturgie.

388. Les adaptations ci-dessous, qui exigent une plus large coordination, doivent être déterminées, selon la norme du droit, par la Conférence des évêques.

389. Il revient aux Conférences des évêques tout d'abord de préparer et d'approuver l'édition de ce *Missel romain* dans les langues vivantes reconnues, pour que, après confirmation des actes par le Siège apostolique, elle soit mise en application dans les pays concernés [3].

Que ce soit en latin ou dans les traductions légitimement approuvées, le *Missel romain* doit être publié intégralement.

390. Il appartient aux Conférences des évêques de définir et, après confirmation des actes par le Siège apostolique, d'introduire dans le Missel lui-même les adaptations indiquées dans cette *Présentation* et dans la liturgie de la messe et qui concernent :

a) Les gestes et attitudes des fidèles (*cf.* n. 43).

b) Les gestes de vénération de l'autel et de l'Évangéliaire (*cf.* n. 273).

c) Les textes des chants d'entrée, d'offertoire et de Communion (*cf.* n. 48, 74, 87).

d) Les lectures de la sainte Écriture à prendre dans des circonstances particulières (*cf.* n. 362).

e) La manière de donner la paix (*cf.* n. 82).

f) La manière de recevoir la Communion (*cf.* n. 160, 283).

[3] *Cf. Code de droit canonique*, can. 838, § 3.

g) La matière de l'autel, du mobilier liturgique, surtout des vases sacrés, ainsi que la matière, la forme et la couleur des vêtements liturgiques (*cf.* n. 301, 326, 329, 342-346).

Si les Conférences des évêques le jugent utile, elles peuvent introduire dans le *Missel romain*, à l'endroit approprié, un directoire ou une introduction pastorale, après confirmation du Siège apostolique.

391. Il revient aussi aux Conférences de veiller avec un soin particulier aux traductions des textes bibliques qui sont employées dans la célébration de la messe. C'est de la sainte Écriture en effet que sont tirés les textes qu'on lit et que l'homélie explique, ainsi que les psaumes que l'on chante ; c'est sous son inspiration et dans son élan que les prières, les oraisons et les hymnes liturgiques ont jailli et c'est d'elle que les signes et les actions reçoivent leur sens [4].

On utilisera un langage qui corresponde à la capacité des fidèles, qui soit adapté à la proclamation publique, en conservant toutefois les caractéristiques propres aux diverses manières de s'exprimer utilisées dans les livres bibliques.

392. De même, il appartient aux Conférences des évêques de préparer avec grand soin la traduction des autres textes, pour que, tout en conservant le caractère propre de chaque langue, le sens du texte latin d'origine soit pleinement et fidèlement rendu. Pour accomplir cette tâche, on tiendra compte des divers genres littéraires utilisés dans le Missel, comme les prières présidentielles, les antiennes, les acclamations, les répons, les supplications litaniques, etc. On ne perdra pas de vue que la traduction des textes n'est pas faite en premier lieu pour la méditation, mais plutôt pour la proclamation ou le chant dans l'action liturgique.

[4] *Cf. ibid.*, n. 24.

Le langage utilisé doit être adapté aux fidèles d'une région tout en demeurant noble et empreint d'une réelle qualité littéraire, restant sauve la nécessité d'une catéchèse sur le sens biblique et chrétien de certains mots et de certaines phrases.

Il importe que les régions qui ont une même langue aient autant que possible la même traduction pour les textes liturgiques, surtout pour les textes bibliques et la liturgie de la messe [5].

393. En raison de la place éminente que tient le chant dans la célébration, comme partie nécessaire ou intégrante de la liturgie [6], il revient aux Conférences des évêques d'approuver des mélodies appropriées, surtout pour les textes de l'ordinaire de la messe, pour les réponses et acclamations du peuple, et pour les rites particuliers durant l'année liturgique.

Elles ont également à juger quelles formes musicales, quelles mélodies, quels instruments de musique peuvent être admis pour le culte divin, pour qu'ils puissent vraiment être appropriés ou adaptés à un usage sacré.

394. Il faut que chaque diocèse ait son calendrier et son propre des messes. De son côté, la Conférence des évêques établira le calendrier propre de la nation ou, en union avec d'autres Conférences, le calendrier d'un territoire plus vaste, qui devra être approuvé par le Siège apostolique [7].

Pour accomplir cette tâche, on observera et on préservera au maximum le dimanche, comme jour de fête primordial, de sorte que les autres célébrations, sauf si elles sont de la plus haute importance, ne lui soient pas préférées [8]. On veillera de même à

[5] *Cf. ibid.*, n. 36, § 3.

[6] *Cf. ibid.*, n. 112.

[7] *Cf.* Normes universelles de l'année liturgique, n. 48-51 ; *cf.* S. Cong. pour le Culte divin, Instr. *Calendaria particularia*, du 24 janvier 1970, n. 4, 8 : DC (1970), n. 1571, p. 867-868.

[8] *Cf. Const. lit.*, art. 106.

ne pas obscurcir par des éléments secondaires le sens de l'année liturgique telle que révisée par décret du IIe concile du Vatican.

En établissant le calendrier d'une nation (*cf.* n. 373), on indiquera les jours des Rogations et des Quatre-temps ainsi que les textes à utiliser et les manières de les célébrer [9] et on aura aussi en vue leurs autres caractéristiques propres.

Il convient que, dans l'édition du Missel, les célébrations propres à toute la nation ou à tout le territoire soient insérées à leur place parmi les célébrations du calendrier général, tandis que celles qui sont propres à une région ou à un diocèse seront mises dans un appendice particulier.

395. Enfin, si la participation des fidèles et leur bien spirituel requièrent des changements et des adaptations plus profonds pour que la célébration liturgique corresponde à la mentalité et aux traditions des divers peuples, les Conférences des évêques pourront, selon la norme de l'article 40 de la *Constitution sur la sainte liturgie*, les proposer au Siège apostolique pour que, avec son consentement, ils soient introduits ; et cela surtout en faveur des peuples à qui l'Évangile a été annoncé plus récemment [10]. On observera avec soin les normes particulières établies dans l'Instruction sur « la liturgie romaine et l'inculturation » [11].

Sur la manière de procéder, on observera ceci :

Tout d'abord on exposera au Siège apostolique de manière détaillée la proposition envisagée, pour que, après avoir obtenu les facultés nécessaires, on procède à l'élaboration de chacune des adaptations.

[9] *Cf.* Normes universelles de l'année liturgique, n. 46 ; *cf.* S. Cong. pour le Culte divin, Instr. *Calendaria particularia*, n. 38 : DC (1970), n. 1571, p. 871.

[10] *Cf. Const. lit.*, art. 37-40.

[11] *Cf.* Cong. pour le Culte divin et la Discipline des Sacrements, Instr. *Varietates legitimae*, n. 54, 62-69 : DC (1994), n. 2093, p. 442-443.

Une fois ces propositions dûment approuvées par le Siège apostolique, on fera des expérimentations pour une durée et dans des lieux déterminés. Le cas échéant, après le temps d'expérimentation, la Conférence des évêques décidera de la poursuite des adaptations et proposera au jugement du Siège apostolique une formulation du projet parvenue à maturité [12].

396. Avant pourtant d'en arriver à de nouvelles adaptations, surtout des adaptations plus en profondeur, il faudra soigneusement veiller à promouvoir avec sagesse et ordre l'information indispensable du clergé et des fidèles, à mettre en application les facultés déjà prévues et à appliquer pleinement les normes pastorales correspondant à l'esprit de la célébration.

397. On observera aussi le principe selon lequel chaque Église particulière doit être en accord avec l'Église universelle, non seulement sur la doctrine de la foi et sur les signes sacramentels, mais aussi sur les usages reçus universellement de la tradition apostolique ininterrompue. On doit les observer non seulement pour éviter les erreurs, mais pour transmettre l'intégrité de la foi, car la règle de la prière (*lex orandi*) de l'Église correspond à sa règle de foi (*lex credendi*) [13].

Le rite romain constitue une partie notable et précieuse du trésor liturgique et du patrimoine de l'Église catholique, dont les richesses favorisent le bien de l'Église universelle, si bien que leur perte lui nuirait gravement.

Tout au long des siècles, ce rite n'a pas seulement conservé des usages liturgiques nés à Rome même, mais il a su aussi intégrer en lui de manière profonde, organique et harmonieuse, d'autres usages provenant des coutumes et du génie de divers peuples et de différentes Églises particulières tant d'Occident que d'Orient, acquérant ainsi comme un caractère « supra-régional ». De nos

[12] *Cf. ibid.*, n. 66-68 : DC (1994), n. 2093, p. 443.
[13] *Cf. ibid.*, n. 26-27 : DC (1994), n. 2093, p. 438-439.

jours, l'identité du rite romain et l'expression de son unité se manifestent par les éditions typiques des livres liturgiques promulgués par l'autorité du souverain pontife et dans les livres correspondants, approuvés pour leur territoire par les Conférences des évêques et reconnus par le Siège apostolique [14].

398. La norme établie par le IIe concile du Vatican est de ne faire des innovations dans la réforme liturgique que si l'utilité de l'Église les exige vraiment et avec certitude et après s'être bien assuré que les formes nouvelles sortent des formes déjà existantes par un développement en quelque sorte organique [15] : elle doit s'appliquer aussi au travail d'inculturation du rite romain lui-même [16]. L'inculturation nécessite de plus une très longue durée pour que la tradition liturgique authentique ne soit pas altérée par précipitation et imprudence.

Enfin, la recherche d'inculturation ne vise pas du tout à créer de nouvelles familles rituelles, mais à répondre aux besoins d'une culture déterminée, de telle manière toutefois que les adaptations introduites, soit dans le Missel, soit dans les autres livres liturgiques, ne nuisent pas au caractère propre du rite romain [17].

399. C'est pourquoi le *Missel romain*, tout en faisant place à la diversité des langues et à une certaine diversité de coutumes [18], doit être reçu à l'avenir comme un instrument et un signe évident de l'intégrité et de l'unité du rite romain [19].

[14] *Cf.* Jean-Paul II, Lettre apostolique *Vicesimus quintus annus*, n. 16 : DC (1989), n. 1135, p. 522 ; *cf.* Cong. pour le Culte divin et la Discipline des Sacrements, Instr. *Varietates legitimae*, n. 2, 36 : DC (1994), n. 2093, p. 435, 440.

[15] *Cf. Const. lit.*, art. 23.

[16] *Cf.* Cong. pour le Culte divin et la Discipline des Sacrements, Instr. *Varietates legitimae*, n. 46 : DC (1994), n. 2093, p. 441.

[17] *Cf. ibid.*, n. 36 : *AAS* 87 (1995), p. 302.

[18] *Cf. ibid.*, n. 54 : *AAS* 87 (1995), p. 308-309.

[19] *Cf. Const. lit.*, art. 38 ; Paul VI, Const. apostolique *Missale romanum* ci-dessus, p. 15-20.

Index analytique

de la Constitution apostolique
Missale romanum
et de la Présentation Générale
du Missel Romain

N.B. Les chiffres seuls renvoient à la *Présentation générale du Missel romain* ; les chiffres précédés de CA renvoient à la Constitution apostolique *Missale romanum* [1].

A

[1] Les références correspondent dans la presque totalité des cas au mot lui-même et non à une association d'idées.

C

Fidèles

G

P

Q

R

S

Composition : Facompo, Lisieux
Impression : L.EG.O. Spa, Lavis (TN) Italie
Achevé d'imprimer en août 2010
N° d'édition : 10157